『新农村 新农民』法律一点通系列丛书

丛书主编：戴志强 孙立明

云南出版集团公司
云南人民出版社

图书在版编目（CIP）数据

继承法律一点通 / 戴志强，孙立明编著. -- 昆明：云南人民出版社，2011.4

（新农村·新农民法律一点通系列丛书）

ISBN 978-7-222-07421-7

Ⅰ. ①继… Ⅱ. ①戴… ②孙… Ⅲ. ①继承法－基本知识－中国 Ⅳ. ①D923.5

中国版本图书馆CIP数据核字（2011）第053956号

责任编辑：马清　黄河飞
装帧设计：法之苑教育

书名	继承法律一点通
作者	戴志强　孙立明　编著
出版	云南出版集团有限责任公司 云南人民出版社有限责任公司
发行	云南人民出版社有限责任公司
地址	昆明市环城西路609号
邮编	650034
网址	www.ynpph.com.cn
E-mail	rmszbs@public.km.yn.cn
开本	710mm×1000mm　1/16
印张	12.5
字数	169千
版次	2011年4月第1版第1次印刷
印刷	鑫宏源印刷包装有限责任公司
书号	ISBN 978-7-222-07421-7
定价	24.00元

《新农村·新农民法律一点通系列丛书》

丛书编委会

前　言

农业、农村、农民问题涉及我国现代化进程中的方方面面，党的第十五次代表大会明确提出建设社会主义法治国家的宏伟目标，完善和健全农村法制工作也随即成为我国法制工作的重心之一。

我们响应中央建设社会主义新农村，加强农村普法教育的号召，选取农民日常生活中经常遇到的法律问题，策划编写了**《“新农村·新农民”法律一点通》系列丛书**。其宗旨是贴近农民生活，实实在在为农民解决法律疑难问题，提高农民法律意识，维护农民合法权益。丛书选取农村现实生活中的典型问题，采用问答的形式，针对每个问题精心设计为以下几个部分，进行解答说明，告知农民群众自己哪些权利受法律保护，哪些行为受到法律的制止，具体的纠纷应当怎么解决，等等，具有较强的可读性和实用性。

第一部分：问题

该部分是对农村普遍发生的与法律息息相关的问题，用简短的语言以问句的形式提出。

第二部分：关键词

该部分首先用一个词语来概括这一问题的关键所在，具有画龙点睛的作用。

第三部分：有问必答

该部分从专业的角度，以相关法律规定为主要依据用简洁的语言进行评价和分析，分析时与实践相结合，在解答相关问题时，将社会中普遍存在的某一现象或一典型的小案例加入其中进行分析，为广大农民朋友解除疑惑，指点迷津，这也是本套丛书的亮点所在。

第四部分：友情提示

该部分是在专业解答之后所附的提示性内容，以此提醒当事人应当注意的问题，旨在更好的维护当事人的合法权益。

希望这套丛书的出版，能够为农民群众了解自身权利，维护合法权益提供一个便捷工具。我们期待并且相信，这套丛书会成为广大农民群众看得懂、买得起、用得上的实用图书，切实解决农民群众“看书难”“知法难”“维权无方”的问题，为提高我国农村法制水平做出一定的贡献。

由于编者水平有限，加之时间仓促，错误与不足之处在所难免，敬请批评指正。

编　者

2011 年 4 月

目录

第一章 继承权

第一节 继承权的取得

1. 在什么情况下可以取得继承权？

关键词

【继承权取得的依据】

有问必答

财产继承是我国民法的一项重要制度，而财产继承权则是公民所拥有的一项重要权利。要想了解财产继承权，首先应正确理解继承权取得的依据。

（一）如何理解继承权

继承权是公民依照法律规定或者死者生前所立的合法有效的遗嘱取得的死者遗产的权利。其有两种含义：一是继承开始前，公民依照法律规定或者遗嘱指定而接受被继承人遗产的资格，即继承人所具有的继承遗产的权利能力；二是当被继承人死亡时，继承人对被继承人留下的遗产已经拥有的事实上的财产权利，即已经属于继承人并给他带来实际财产利益的继承权。可见，公民是根据法律的直接规定或依据死者生前在遗嘱中所作的指定而取得继承权。

（二）取得继承权的情形

依照《婚姻法》、《继承法》相关规定的精神，我国公民财产继承权的取得主要是以婚姻关系、血缘关系和扶养关系为基础的。

（1）基于血缘关系而取得继承权。古往今来，子女、父母、祖父母、外祖父母、兄弟姐妹都是基于与死者有血缘关系而取得继承权，这也为我国继承法所认可。因此，血缘关系始终是财产继承权取得的重要依据之一。

（2）基于婚姻关系而取得继承权。配偶之间的继承权是男女双方结合的必然结果，世界上绝大多数国家都把配偶的继承权作为财产继承权取得的根据，我国《婚姻法》、《继承法》也规定，配偶之间有相互继承遗产的权利。所以，配偶之间虽然没有血缘关系，但是仍然可以婚姻关系的确立取得继承权。

（3）基于扶养关系而取得。养老育幼、扶助病残者和生活困难者，是中华民族的传统美德。基于这一美德，我国《婚姻法》规定，养子女与养父母之间的权利义务关系，有抚养关系的继子女与继父母之间的权利义务关系适用本法对父母子女关系的有关规定。所以，继承权也基于双方的权利义务关系而取得的。除此，继承法还规定，丧偶儿媳对公、婆，丧偶女婿对岳父、岳母尽了主要的赡养义务的，可以作为第一顺序继承人取得继承权。

友情提示

一个人确定自己是否享有继承权，应当首先确定自己与被继承人的关系是不是属于血缘关系、婚姻关系或是抚养关系，如果属于其中一种，即享有继承权；反之，则不享有继承权。

2. 事实婚姻者可以相互继承遗产吗?

关键词

【事实婚姻继承权】

有问必答

对于事实婚姻者是否可以相互继承遗产，实际上涉及到夫妻相互继承遗产的问题。事实婚姻的男女双方虽然以夫妻名义同居生活，但他们的关系不同于已经进行婚姻登记的合法夫妻，因此，他们之间是否享有继承权与夫妻之间的继承权是有差别的。

第一，我国法律对夫妻互相继承遗产的规定。对于遗产的继承，我国《婚姻法》第24条第1款规定："夫妻有相互继承遗产的权利。"并且根据《继承法》第10条的规定，配偶为第一顺序的法定继承人。配偶的继承权是基于婚姻关系的存在而产生的，配偶之间的继承权是男女双方两性结合的必然结果，因此，它是基于婚姻关系而产生的一种权利。男女双方缔结了婚姻以后，组成家庭，共同劳动，共同生活，不可避免地会在家庭内部产生一系列的权利义务关系。如互助友爱、养育子女、以共同的劳动收入维护家庭的经济生活、夫妻有平等的处理家庭共同财产的权利和互相继承遗产的权利等等。因此，当配偶中的一方死后，另一方也就理所当然地取得了财产的继承权。

第二，事实婚姻者是否可以相互继承遗产。根据我国《婚姻法》第8条的规定，男女双方要求结婚的，必须办理结婚登记手续。并且我国《婚姻法》、《继承法》关于配偶之间有继承权的规定也只适用于办理结婚登记手续的夫妻。那么未办理结婚登记手续即以夫妻名义同居生活的男女，在同居生活期间一方死亡，另一方要求继承死者遗产的该怎么办呢？针对这一社会现象，最高人民法院《关于适用〈中华人民共和国婚姻法〉若干问题的解释（一）》第6条规定：“未按婚姻法第八条规定办理结婚登记而以夫妻名义共同生活的男女，一方死亡，另一方以配偶身份主张享有继承权的，按照本解释第五条的原则处理。”因此，根据该法第5条的规定，在1994年2月1日以前，男女双方已经符合法定结婚的条件，以夫妻名义共同生活的为事实婚姻，男女双方互有继承权。1994年2月1日以后，男女双方符合结婚实质要件，以夫妻名义共同生活，经补办结婚登记的，男女双方有继承权；未补办结婚登记的，男女双方无继承权。

现实中有这样一个案例：小孙与邻村青年吴某于1995年10月举行婚礼后就在一起共同生活，但未办理结婚登记。自1997年开始，吴某一直生病，期间均由小孙抚养照顾。今年，吴某因病情恶化经医治无效去世，死后留有一笔遗产。但是吴某家人以小孙未与吴某登记结婚为由不让其继承遗产。那么小孙是否有继承权？根据上述规定，小孙与吴某自1995年10月起未办理婚姻登记即以夫妻名义同居生活，故他们的婚姻关系无效，系非法同居关系，因此，小孙对遗产不享有继承权。但是，考虑到吴某生病期间都由小孙抚养照顾，所以根据《继承法》第14条的规定，小孙虽无继承权，但仍能分得适当的遗产。

友情提示

婚姻关系是取得继承权的依据之一，男女双方要求结婚的，必须办理结婚登记手续。目前在农村中，很多人认为只要是举行了婚礼，就成了夫妻。殊不知，这是一种陋习，如果发生一些纠纷（比如继承），一方当事人的权益很难得到法律的保护。

3. 非婚生子女与婚生子女的继承权平等吗?

关键词

【非婚生子女的继承权】

有问必答

所谓非婚生子女，从广义上讲，是指父母非婚姻关系所养育的子女，包括婚前、婚外性行为所生子女和养子女、有扶养关系的继子女以及未经丈夫同意、事后丈夫又不予认可的人工授精所生的子女。我国婚姻法和继承法都明确规定，非婚生子女与婚生子女一样，享有平等的继承权。

（一）我国法律对非婚生子女继承权的规定

（1）非婚生子女的法律地位。《婚姻法》第 25 条第 1 款规定“非婚生子女享有与婚生子女同等的权利，任何人不得加以危害和歧视。”该条的规定，把非婚生子女的地位视同婚生子女，换句话说就是，婚生子女享有的一切权利，非婚生子女同样享有。

（2）养子女。根据《婚姻法》第 26 条的规定，我国法律保护通过合法收养程序成立的养父母子女关系。这种养子女关系与生父母子女关系完全等同，只有养父母子女关系经合法手续解除关系后，这种地位才会丧失，除此，任何个人、组织、法人都不得解除这种关系或剥夺其地位。

（3）继子女。《婚姻法》第 27 条规定“继父母与继子女间，不得虐待或歧视。继父母和受其抚养教育的继子女间的权利和义务，适用对父母子女关系的规定。”该条规定明确了继父母子女之间的关系，适用对父母子女关系的规定，即继子女取得了与亲生子女同样的法律地位。

（4）关于“人工授精所生子女”的法律地位难以确定。**最高人民法院《关于夫妻离婚后人工授精所生子女的法律地位如何确定的复函》中规定**，在婚姻关系存续期间经夫妻协商同意，或虽未协商同意但事后丈夫认可的，均适用《婚姻法》关于父母子女关系的规定；对于事先未经丈夫同意，事后丈夫也不认可的人工受精子女也同样适用《婚姻法》的相关规定。

（二）保护非婚生子女继承权的原因

我国法律之所以规定非婚生子女同婚生子女一样享有平等的继承权。是因为，非婚生子女和婚生子女一样与生父母有直接的血缘关系，是直系血亲。只是非婚生子女是由于其父母犯错误所生的，其本人不应当承担任何责任。而且非婚生子女和婚生子女一样,都是社会的成员，是国家的公民。所以，国家法律应当一视同仁，保护他们与婚生子女一样享有同等的继承权。当然，保护非婚生子女的继承权，并不是提倡生育非婚生子女。

友情提示

在农村,很多人心中对于非婚生子女都存在不同程度的偏见。其实，非婚生子女享有与婚生子女同等的权利，他们在在继承问题上均属第一顺序继承人，其继承权是法定的，不可侵害的。

4. 入赘女婿有没有继承岳父母遗产的权利?

关键词

【女婿的继承权】

有问必答

女婿与岳父母之间是一种姻亲关系，没有血缘关系，在一般情况下，是没有继承权的。但是，只要女婿在合法的婚姻关系下，对岳父母尽了较多的赡养义务，女婿则享有继承权。

第一，法律的一般规定。根据《继承法》第10条的规定可知，丧偶女婿、丧偶儿媳不是法定的继承人，所以，丧偶女婿对岳父、岳母，丧偶儿媳对公、婆的遗产没有继承权，。再者，即使夫妻双方互有法定继承权，但是根据姻亲关系无法确定丧偶女婿、儿媳与岳父母、公婆之间的权利义务关系，所以女婿对岳父母、儿媳对公婆的遗产无继承权。

第二，法律的特殊规定。我国法律规定了两种可以适当分得和继承岳父母的遗产的情况：其一，根据我国《继承法》第14条的规定，赘婿与岳父母一起生活对岳父母尽了较多的赡养义务，可以适当分得岳父母的遗产，但这不是作为父母的继承人取得的，而是因其对岳父母赡养较多，根据权利义务相一致的继承法原则取得的报偿。其二，赘婿之妻去世后，赘婿对岳父母承担主要赡养义务的，按照《继承法》第12条规定，可以作为岳父母遗产的第一顺序继承人，继承岳父母的遗产。

现实中有这样一个例子：张某老伴早逝，因怕女儿受委屈，所以张某直到去世前也没有再婚。女儿长大后，张某为了老有所养，招王某为上门女婿。生活上，王某比亲生儿子都孝顺，对张某无微不至的关心和照顾，即使是在妻子去世后，王某仍然像过去一样对待张某，直到张某突发脑溢血去世。过后，张某的两个兄弟以王某不是他们家人为由，拒绝王某继承张某的遗产而引起纠纷。法院根据上述继承法的规定，认为王某对岳父尽了主要的赡养义务，所以其可以作为第一顺序继承人继承岳父张某的遗产，而老人的兄弟是第二顺序继承人，他们不能继承张某的遗产。

友情提示

由于时代进步，社会的发展，人们思想的解放，冲击了养儿防老等传统思想的束缚，所以男方到女方家落户做插门女婿这种现象不再受人非议和歧视。况且我国实行计划生育，农村独生子女的家庭越来越多，所以说不管是女婿，还是儿媳，只要贤惠孝顺，积极地履行赡养义务和扶养义务，继承权利自然会得到人们的认可和法律的支持。

第二节 继承权的丧失

1. 被判处刑罚的人还享有继承权吗?

关键词

【丧失继承权的事由】

有问必答

这个问题实际上涉及到对丧失继承权的事由的理解。对于已经取得继承权的人来说，如果其对被继承人或其他继承人犯有某种罪行或者有其他违法行为，则可以依照法律规定取消其原来享有的继承权，取得继承权的人即丧失继承权。

（一）我国法律对丧失继承权事由的规定

《继承法》第7条规定："继承人有下列行为之一的，丧失继承权：(一)故意杀害被继承人的;(二)为争夺遗产而杀害其他继承人的;(三)遗弃被继承人的，或者虐待被继承人情节严重的；(四)伪造、篡改或者销毁遗嘱，情节严重的。"据此，只要继承人实施了上述法律规定中的任何行为就丧失了继承权。

现实中有这样一个例子：党某于2008年底因盗窃罪被判有期徒刑两年。今年5月，他父亲去世后留下一笔遗产，他哥以他已被判刑不享有继承权为由，独自继承了这笔财产，那么党某被判处刑罚是否导致继承权丧失？我们的回答是否定的。党某被判刑是对其犯罪行为所作的刑事处罚，其本身并没有触犯《继承法》第七条的规定，况且我国也无对服刑人员剥夺继承权的法律规定。所以，尽管党某仍在服刑，但他作为其父亲的法定继承人，仍有权继承这笔遗产。

（二）对丧失继承权的认定应当注意的问题

（1）继承人杀害被继承人是一种严重的犯罪行为，如果再由这个实施违法犯罪的继承人继承被害的被继承人的财产，不仅违反道德，也不利于打击犯罪。所以说，不管继承人杀害被继承人出于何种动机，不管杀害目的实现与否，也不管是亲手所干，还是指使他人所为，是直接杀害，还是间接杀害，只要出于故意都属于杀害被继承人的行为，就丧失继承权。

（2）对于因杀害其他继承人而丧失继承权的，必须出于争夺遗产的目的。只要是为了争夺遗产而实施杀害其他继承人的，不管罪犯的目的是否实现，都应认定其丧失继承权。不过，如果是因为其他目的杀害其他继承人，尽管也要追究其刑事责任，但不因此丧失继承权。在这里还应该注意，为争夺遗产而杀害被继承人的，即使被继承人的遗嘱指定他按遗嘱继承，也不能免除其继承权的丧失。

（3）有能力的继承人对年老体衰、丧失劳动能力或没有独立生活能力的被继承人拒不履行赡养或扶养义务的，即构成遗弃行为，均丧失继承权。如果继承人对被继承人以各种手段进行精神上或肉体上的折磨，情节严重的，继承人也丧失继承权。

（4）继承人为了夺取或独吞遗产，假冒被继承人的名义制造假遗嘱；或者继承人发现被继承人生前所立的遗嘱对自己不利，为了夺取或独吞遗产而将遗嘱的内容进行篡改；或者继承人为了独吞全部遗产而将被继承人生前所立遗嘱销毁。这三种行为情节严重的，继承人也将丧失继承权。

友情提示

从被继承人那里继承遗产，可以使继承人不必付出很多的辛苦和代价就能获得很大的利益。所以在农村，一些不懂法律的人为了能够继承遗产，则使用非法手段杀害被继承人或者其他继承人，或者虐待、遗弃被继承人，或者伪造、篡改、销毁遗嘱。殊不知，这种行为不但导致继承权丧失，而且还会因触犯刑律被追究刑事责任。

2. 什么时间起继承人丧失继承权？

关键词

【继承权丧失的时间】

有问必答

从《继承法》第7条规定的丧失继承权的事由来看，继承权丧失的时间，既可能发生在被继承人死亡以前，也可能发生在被继承人死亡以后。在实际生活中，继承权丧失大多发生在被继承人死亡以前。

第一，丧失继承权行为发生的时间。在继承人犯有丧失继承权的四种行为中，故意杀害被继承人，遗弃被继承人或者虐待被继承人情节严重的，只能在被继承人生前进行。在被继承人死亡继承开始后，则不存在杀害、遗弃和虐待的问题。同时，为夺取遗产而杀害其他继承人的行为，也只有在继承开始以前实施才有可能。因为在继承开始以前杀害其他继承人才有可能改变遗产继承的顺序和应继承的份额，而在继承开始后则不一定能达到这一目的。但有时犯有丧失继承权的行为也可能发生在继承开始以后，如伪造、篡改、销毁遗嘱既可能发生在继承开始以前，也可能发生在继承开始以后。因为在继承开始前或继承开始后实施这些行为都可以达到夺取遗产的目的。

第二，丧失继承权的时间。根据最高人民法院《关于贯彻执行＜中华人民共和国继承法＞若干问题的意见》第9条的规定，确认公民丧失继承权只能由人民法院判决决定。因此，犯有丧失继承权的行为和事实与人民法院剥夺继承人的继承权是有区别的。前者往往发生在继承开始以前，后者往往发生在继承开始以后。如果继承人杀害被继承人或者杀害其他继承人的行为发生在继承开始前，如果其行为得逞，指被害人死亡，则人民法院剥夺其继承权的时间是在继承开始以后。如果其行为未得逞，法院剥夺其继承权则可能发生在继承开始以前，也可能发生在继承开始以后。

现实中有这样一个例子：甲有一子一女。其子在甲年老多病时，不仅对甲百般虐待，而且实施了杀害甲的行为，但因被人及时发现，经抢救甲幸免遇难。之后，甲的女儿向法院起诉，法院判决剥夺甲子的继承权。甲之子实施丧失继承权的行为在前，且行为未得逞，所以，法院判决剥夺甲之子的继承权在继承开始前。

友情提示

如果继承人实施了杀害被继承人或者其他继承人，虐待、遗弃被继承人，或者伪造、篡改或者销毁遗嘱等丧失继承权的行为，被继承人及利害关系人应及时到法院起诉，要求法院判决确认继承人丧失继承权，以便更好地维护被继承人和其他继承人的合法权益。

3. 继承人被剥夺继承权以前取得的遗产需要返还吗？

关键词

【继承权丧失的效力】

有问必答

要解决继承人是否要返还被剥夺继承权以前取得的遗产这一问题，还需要我们对丧失继承权的效力有所了解。

第一，继承权丧失对继承人的效力。我国继承法对于继承权丧失的效力没有明文规定，但根据继承法学原理，继承权丧失的法律效力应当溯及到继承开始之时，即视继承人自始就没有继承权。例如，在人民法院判决剥夺继承权以前，不当继承人或占有人就已经分割遗产或占有遗产的，其应当把不当继承或占有的遗产和该遗产所产生的孳息交出并返还。

现实中有这样一个例子：赵某老伴死得早，有三个儿子。在三个儿子成家以后，赵某和大儿子一起生活，也将自己所住老屋交给大儿子照管并决定自己死后由其继承。可是大儿子不务正业，游手好闲，成家后不仅不赡养赵某，还经常向老人赵某要钱，并且赵某稍有不从，就会遭到殴打。赵某无奈只好向人民法院起诉，法院最后根据继承法关于继承权丧失的法律效力的原理，判决确定剥夺他大儿子的继承权，并要求他的大儿子退还赵某交管的老屋。

第二，继承权丧失对第三人的效力。如果继承人在丧失继承权以前将遗产转让给第三人，继承人丧失继承权后，其他利害关系人能否要求第三人返还其所受让的遗产，我国继承法对此没有明文规定，不过我国学术界对此有两种观点。其一，认为不能以继承的无效去对抗善意第三人；其二，认为不管第三人所取得的遗产是否善意都应当返还其所得的遗产。但从司法实践来看，在保护合法继承人的利益，又要照顾到善意第三人的利益的原则下，法院一般则采取折中原则，即根据具体情况酌情处理。

第三，继承权丧失的效力是否影响被继承人生前的赠与。我国继承法对此也无明确的规定。但是，根据民法原理，继承人所丧失的是其继承地位，并不涉及继承人在被继承人生前所接收的赠与，而被继承人生前对继承人的赠与又不属于遗产继承的范围，因此，继承人在被继承人生前所接收的赠与不应当因继承人继承权的丧失而返还。

友情提示

继承人继承权的丧失，只是对被继承人的继承关系而言。在另一继承关系中，继承人仍然可以继承另一被继承人的遗产。同时，继承权的丧失对于继承人的父母、配偶、晚辈直系血缘的继承权均不发生影响。

4. 儿子严重虐待母亲后有悔改表现的还能继承母亲的遗产吗？

关键词

【继承权丧失的种类】

有问必答

该问题实际上涉及到继承权丧失的种类。从继承法的规定来看，继承权的丧失可以分为两类：绝对的丧失继承权和相对的丧失继承权。

第一，如何理解绝对丧失继承权。继承权的绝对丧失，是指继承人的继承权由于某种法定的事由发生丧失后，将永远没有挽回的可能，并且即使被继承人表示宽恕，也不能恢复。我国《继承法》第7条关于“故意杀害被继承人；为争夺遗产而杀害其他继承人的；伪造、篡改或者销毁遗嘱情节严重的”规定都属于继承权的绝对丧失。如果被继承人以遗嘱的形式将遗产指定由发生上述丧失继承权的继承人继承的，根据最高人民法院《关于贯彻执行〈中华人民共和国继承法〉若干问题的意见》第12条的规定，应确认该遗嘱无效，仍按继承法第七条的规定办理。

第二，如何理解相对丧失继承权。继承权的相对丧失，是指继承人由于某种被剥夺继承权的事由，虽经法律规定当然丧失继承权，但若被继承人表示宽恕，则其继承权可以恢复。根据最高人民法院《关于贯彻执行〈中华人民共和国继承法〉若干问题的意见》第13条规定，继承人虐待被继承人情节严重的，或者遗弃被继承人的，如以后确有悔改表现，而且被虐待人、被遗弃人生前又表示宽恕，可不确认其丧失继承权。

现实中有这样一个例子：贾某不履行赡养义务，还经常殴打虐待其60岁的母亲（其父已死）。后其母向法院告发，2004年贾某因犯虐待罪被判刑。服刑期间贾某能认识到错误，并多次写信向母亲表示忏悔，还把劳动所得的钱寄给母亲。那么，贾某对其母亲的遗产是否还有继承权？通过上述规定我们知道：贾某虽然在服刑前有虐待母亲的严重情节，但在服刑期间已认识到错误，并有明显的悔改表现，所以，只要母亲能表示宽恕，贾某对其母亲的遗产仍有继承权。

另外，被继承人也可以遗嘱形式剥夺继承人的继承权，在此情形下，如果遗嘱有效，那么法定继承人永久丧失继承权；如果遗嘱无效或部分无效，那么法定继承人的继承权可恢复或部分恢复。

5. 父亲可以取消儿子的继承权吗？

关键词

【取消继承权】

有问必答

该问题实际上涉及继承权丧失的形式问题。继承权丧失的形式包括剥夺继承权、取消继承权和不分遗产这三种。

第一，我国对取消继承权的相关规定。对于取消继承权，我国《继承法》没有明确的规定，但根据该法第16条的规定，公民可以遗嘱的形式处分个人财产，可以将个人财产指定由法定继承人中的一人或者数人继承，也可以将个人财产赠给国家、集体或者法定继承人以外的人。由此推知，当被继承人通过遗嘱形式处分了自己的财产后，对于未被指定继承遗产的继承人来说，实际上就是取消了其继承遗产的权利。并且根据《继承法》第21条的规定，遗嘱继承或者遗赠附有义务的，继承人或者受遗赠人应当履行义务。没有正当理由不履行义务的，经有关单位或者个人请求，人民法院可以取消他接受遗产的权利。

第二，如何理解取消继承权。被继承人生前可以遗嘱的方式，改变法定继承人的范围、顺序和份额，或者把遗产赠与他人，这对于没有得到遗产的法定继承人来说，其继承权被遗嘱取消。如果该遗嘱处分的是全部遗产，未被指定继承遗产的继承人的继承权实际上因被继承人的遗嘱而取消；如果被继承人将遗产全部赠给他人，意味着所有法定继承人的继承权都被取消。

现实中有这样一个例子：董某是某大学教授，其妻早逝，一儿一女都在外地工作。上了年纪后，董某身体不好，但由于不能适应外地生活习惯等原因，所以，董某一直未与儿女们一起生活，其它的生活都是由邻居张婶料理，至今已有近十年时间。前不久董某突发心脏病住院，在病危期间，请来了两名医生作证，亲笔立下遗嘱：自己死后，将其22000元存款中的15000元赠给学校作奖学金用，7000元赠给邻居张婶。未留儿子和女儿的继承份额。董某去世后，他的儿子在按其遗嘱处理遗产时表示坚决反对，说他是法定继承人，遗产应由他和妹妹平分，不能给学校和张婶，于是向法院起诉。在这件事情中，董某的儿子和女儿虽是董某的法定继承人，但是董某在生前通过遗嘱取消了儿子和女儿的继承权，并且该遗嘱合法有效，所以继承开始后，应当按照遗嘱继承或者遗赠办理。

第三节 继承权的放弃

1. 继承人想放弃继承权就可以放弃继承权吗？

关键词

【继承权的放弃】

有问必答

财产继承权是公民的一项重要的民事权利，既可以行使这种权利，接受其应当继承的遗产，也可以拒绝行使权利，放弃应当继承的遗产。由于上述该问题涉及继承权的放弃，所以对继承权放弃的理解就是我们在这里要解决的问题。

第一，我国法律关于放弃继承权的规定。继承权的放弃，是指在继承开始后，遗产分割以前，继承人以明示的方式不接受被继承遗产的意思表示。《继承法》第25条规定："继承开始后，继承人放弃继承的，应当在遗产处理前，作出放弃继承的表示。没有表示的，视为接受继承。受遗赠人应当在知道受遗赠后两个月内，作出接受或者放弃受遗赠的表示。到期没有表示的，视为放弃受遗赠。"因此，继承人是可以放弃继承权的。但是，根据最高人民法院《关于贯彻执行〈中华人民共和国继承法〉若干问题的意见》第47条、第49条的规定，继承人如果想放弃继承权，其应当在继承开始后、遗产分割前以书面形式向其他继承人表示。否则，放弃继承权行为无效。

第二，放弃继承权的限制。人们对于自己的权利有行使和放弃的自由，然而这种自由并不是不受任何约束，继承权当然也不例外。继承人虽然可以放弃继承权，但是，根据最高人民法院《关于贯彻执行〈中华人民共和国继承法〉若干问题的意见》第46条的规定，继承人因放弃继承权，致其不能履行法定义务，放弃继承权的行为无效。

现实中有这样一个例子：谢某于2009年与好友张某合伙贩卖服装时欠了张某7500元钱，至今无力偿还。今年2月，谢某的父亲病故，留下遗产18400元由谢某与其母继承。谢某见其母年岁已高更需花销，决定其父的遗产全部归其母所有。张某得知此事后，找到谢某要求从其父亲遗产中拿出7500元还债，剩下的再归其母所有，谢某坚决不同意。二人争执不下，一起来到法院，要求法院依法处理。本案中，谢某将其本来可以继承的遗产全部给予其母的做法，从法律角度来看是放弃继承权的行为。但是，谢某放弃继承权的行为是无效的。根据上述司法解释的规定，谢某如果继承其父的遗产，就有能力清偿其拖欠张某一年多的7500元债务。但是，由于他放弃继承权，使自己依旧没有清偿能力，不能清偿其欠张某的7500元钱。所以，谢某放弃继承已经损害到了张某的利益，应当认定其放弃继承的行为无效。谢某应当继承其父的遗产，以保障其债权人张某的利益。

友情提示

继承人不需要经过任何人的许可，可以自由的放弃继承权。但是其在放弃自己的遗产继承权时，不能损害他人的利益。并且在放弃继承权时，其意思表示应是无条件的，不附带任何条件。否则，继承权放弃无效。

2. 因重大误解放弃继承权继承人能否反悔？

关键词

【继承权放弃的反悔】

有问必答

继承权人放弃继承权是一种单方的法律行为，是继承人对自己权利的处分，只要不损害社会和他人利益，无须征求任何人的同意或认可。那么，继承人在法定期间内作出放弃继承的意思表示之后，是否可以反悔？以下我们就结合法律规定进行分析解答：

第一，我国继承法对继承权放弃反悔的规定。在继承权已经放弃的情况下，我国最高人民法院《关于贯彻执行＜中华人民共和国继承法＞若干问题的意见》第50条规定："遗产处理前或在诉讼进行中，继承人对放弃继承翻悔的，由人民法院根据其提出的具体理由，决定是否承认。遗产处理后，继承人对放弃继承翻悔的，不予承认。"据此，当继承人在放弃继承权后，遗产分割以前表示对放弃继承权反悔的，人民法院可视具体情况来决定放弃继承人是否可以撤销其意思表示。但是，如果继承人表示放弃继承权以后，遗产已经进行了分割，这时放弃人若表示反悔，则不予承认。

现实生活中有这样一个例子：张某大学毕业后留在外地工作生活，其母一直跟随弟弟和妹妹一起生活。2008年初，母亲去世，张某认为母亲没什么值钱的遗产，即向其弟弟和妹妹表示放弃继承权。过后其弟、妹在整理母亲的遗物时却发现了一张20000元的存折，并且将该款进行了平分。张某在得知此事后，认为弟妹欺骗了自己，即要求按照法定继承的规定重新分割遗产。我们认为，张某作出放弃继承的意思表示虽然存在重大误解，但是，他表示反悔是在遗产分割完毕后，所以根据上述在遗产分割后，无论继承人提出任何反悔理由，都不予以承认的规定，张某表示反悔放弃继承权的意思得不到支持。

第二，实践中在遗产分割前继承人提出反悔的，人民法院处理的原则。经过一定的合法的方式（书面的或口头的）所作出的放弃继承的意思表示，是一种单方法律行为，意思表示一经作出即发生法律效力，对放弃继承人就产生约束力。如果允许放弃继承人随意撤回，就会使已经确定的效力又变得不确定，往往会助长法律行为的无常性，有损法律的严肃性和权威性。所以，人民法院在处理继承人以一定的合法方式所作出的放弃继承权翻悔的案件时，除非有重大误解，一般均不得撤回。

友情提示

继承人在作出放弃继承权的意思表示后，如果出现了某些情况想反悔的，应及时在遗产处理前向人民法院提起诉讼，请求法院确认继承权。

3. 放弃继承权就可以不赡养老人吗?

关键词

【继承权放弃的性质】【赡养义务】

有问必答

该问题涉及到两个方面：一是继承权放弃的性质；二是赡养义务。继承权是法律赋予公民的一项民事权利，权利可以放弃，而义务则不能放弃。

第一，如何理解继承权放弃的性质。继承人放弃继承权是一种单方的法律行为，根据《继承法》第25条的规定，继承人无须经过他人的同意或认可，有放弃继承权的自由。但是，最高人民法院《关于贯彻执行〈中华人民共和国继承法〉的若干问题的意见》第46条规定，“继承人因放弃继承权，致其不能履行法定义务的，放弃继承权的行为无效。”因此，继承人不能以放弃继承权为由，拒绝履行其应当承担的法定的义务。

第二，我国法律关于赡养义务的规定。我国《婚姻法》第21条第3款明确规定：“子女不履行赡养义务时，无劳动能力的或生活困难的父母，有要求子女付给赡养费的权利。”我国《老年人权益保障法》第15条第1款、第2款也规定：“赡养人不得以放弃继承权或者其他理由，拒绝履行赡养义务。赡养人不履行赡养义务，老年人有要求赡养人付给赡养费的权利。”由此可知，赡养义务是子女应尽的法定义务。

在现实中有这样一个例子：林某夫妻俩都已年过七旬，不但丧失了劳动能力，而且体弱多病，又无经济来源，所剩的财产只有一所房子。为此三个子女不愿接近他们，并拒绝给付赡养费，还口口声声说，情愿放弃继承权，也不赡养老人。为索要赡养费，林老汉将三个子女告上法庭。法院经审理后认为：子女以放弃继承权为由，不尽赡养义务的做法，是违反法律规定的，也是违背社会公德的。即使放弃继承权，也必须承担赡养费用，尽赡养义务。故而对原告要求三子女给付赡养费的诉讼请求依法予以支持。

友情提示

农民朋友，特别是老年农民朋友，如果你们的子女以放弃继承权为由对你们不尽赡养义务的，你们可以要求子女尽赡养义务，而且有权向其索要赡养费用。如果遭到他们拒绝，你们可向人民法院起诉，依法解决此问题。

4. 子女放弃继承权的行为有效吗?

关键词

【放弃继承权的效力】

有问必答

这个问题的解决需要弄清楚放弃继承权的效力如何。法律规定继承人有放弃继承权的自由，但是继承人在具备什么条件时作出的放弃继承权的行为才有效呢？以下我们就结合法律进行分析解答：

（一）有效的放弃继承权应符合的要求

根据我国《继承法》第 25 条和司法解释的有关规定，有效的放弃继承权的行为应符合以下要求：

第一，继承人应当在继承开始后，遗产处理前作出放弃继承权的意思表示。如果继承人在遗产处理后才作出，则该放弃行为无效。继承人在继承开始前作出相应的意思表示，那么在继承开始后也应重新作出意思表示。

第二，继承人应当通过一定的形式向其他继承人表示愿意放弃继承权。由于继承权的放弃是单方的法律行为，所以继承人应当通过书面形式向其他继承人表示。如果用口头方式表示的，必须由继承人本人承认或者通过其他充分可靠的证据加以证明。继承人向人民法院以口头方式表示放弃继承权的，要制作笔录，并由放弃继承的人签字方才有效。

第三，继承人放弃继承权，不能损害到第三人的利益。继承权的放弃要在保证不侵害他人权利的情况下得以实施，如果在放弃继承的时候附有条件，则可能给他人的权利造成损害，所以，最高人民法院《关于贯彻执行〈中华人民共和国继承法〉若干问题的意见》第46条的规定，如果继承人在放弃继承权时，损害了他人的利益，则该放弃继承权的行为无效。

现实中有这样一个例子：今年初，韩老汉病重。还没有离开人世，他的三个儿子就开始为争夺父亲的遗产闹的不可开交。大儿子韩某看此情景当场表示放弃继承权。不久韩老汉过世，韩某看到父亲留下的砖瓦房由两个弟弟继承，很不服气，于是当着两个弟弟面以当初放弃继承权的承诺无效为由要求共同继承该房屋，而他两个弟弟则不许。韩某放弃继承的承诺是否有效？因韩某放弃继承的意思表示是在其父亲生前，此时继承并未开始，不符合上述法律的要求。因此，韩某放弃继承的承诺无效。

（二）被放弃继承份额如何处理

继承人放弃继承权的，对被继承人依法应当缴纳的税款和债务可以不负偿还责任。被放弃的继承份额就在参加继承的继承人中分配。如果表示放弃继承的是遗嘱继承人，则放弃的份额应当转归法定继承人继承；如果放弃继承的是法定继承人，其应继承份额由其他法定继承人按法律规定的继承顺序继承；如果放弃继承的是被继承人的唯一法定继承人时，被继承人的遗产归国家或集体享有。处理被放弃继承份额时应注意：(1) 第一顺序数个继承人中的一个放弃遗产的，其应继承的遗产由第一顺序的其他继承人继承；(2) 第一顺序的继承人全部放弃遗产的，遗产由第二顺序的法定继承人继承；(3) 全部继承人放弃遗产的，遗产即成为无主财产归国家或集体享有；(4) 遗嘱继承人之一放弃遗产的，其应继承的遗产按法定继承的方式处理。

友情提示

同放弃继承权一样，农民朋友也可以放弃接受遗赠。在知道受遗赠后两个月内，农民朋友如既没表示接受又未表示放弃时，便推定为放弃接受遗赠。这时被放弃的遗赠财产，会按法定继承办理。当遗嘱人没有法定继承人时，即收归国家或集体组织所有。而主动放弃或法定期限届满没有表示接受而实际放弃遗赠的受遗赠人，也将不再承担遗赠人所附加的有关义务。

5. 放弃继承权的继承人能否请求分得遗产的继承人补偿其已履行的遗产债务?

关键词

【放弃继承权的后果、遗产债务】

有问必答

对于该问题涉及到两个方面：一是被继承人生前债务的承担；二是放弃继承权的继承人有无偿还被继承人债务的义务。

第一，被继承人生前的债务由谁负担。《继承法》第33条第1款规定："继承遗产应当清偿被继承人依法应当缴纳的税款和债务，缴纳税款和清偿债务以他的遗产实际价值为限。超过遗产实际价值部分，继承人自愿偿还的不在此限。"因此，继承遗产的人应当在继承被继承人的遗产前清偿其生前的债务。如果继承人未清偿债务就将遗产已进行了分割，这时应根据最高人民法院《关于贯彻执行〈中华人民共和国继承法〉若干问题的意见》第62条的规定，进行处理。如有法定继承又有遗嘱继承和遗赠的，首先由法定继承人用其所得遗产清偿债务；不足清偿时，剩余的债务由遗嘱继承人和受遗赠人按比例用所得遗产偿还；如果只有遗嘱继承和遗赠的，由遗嘱继承人和受遗赠人按比例用所得遗产偿还。

第二，放弃继承权的继承人有无偿还被继承人债务的义务。根据我国《继承法》第33条第2款规定："继承人放弃继承的，对被继承人依法应当缴纳的税款和债务可以不负偿还责任。"最高人民法院《关于贯彻执行〈中华人民共和国继承法〉若干问题的意见》第51条规定："放弃继承的效力，追溯到继承开始的时间。"可见，凡被继承人所遗留下来的一切在财产上的权利和义务，在继承人放弃继承以后，可视为从继承开始时即与该放弃人无关。

现实中有这样一个例子：赵某大学毕业后一直在外生活，很少照顾父亲。今年父亲去世，于是他与其弟妹协议明确表示放弃继承权。并在办理丧事时，负责偿还了父亲到期债务2000元钱。事后，赵某感觉后悔，于是希望弟妹从遗产中补偿其为父亲偿还的债务，但是其弟妹认为赵某已经放弃继承权，无权再提出分割遗产并要求补偿其偿还的2000元债务。从这个例子可以看出，赵某替其父偿还了2000元债务，是其父死后办理丧事期间，此时应视为继承已经开始，并且赵某偿还其父债务，是在自己放弃继承权的情况下所作出的。因此，赵某对其父的债务不负偿还责任，赵某可以要求其弟妹就其所偿还的2000元债务予以补偿。

友情提示

根据权利和义务相一致的原则，放弃继承权后将不能再继承遗产，对被继承人依法应当缴纳的税款和债务也就可以不负清偿的责任了。

6. 父亲可以代未成年的女儿放弃继承权吗？

关键词

【代理放弃继承权】

有问必答

该问题实际上涉及到放弃继承权的代理，未成年人大多数属于无民事行为能力人和限制行为能力人，他们从事民事活动一般由其父母代理。

第一，父母是否可以代理未成年人从事民事活动。《民法通则》第12条规定："十周岁以上的未成年人是限制民事行为能力人，可以进行与他的年龄、智力相适应的民事活动；其他民事活动由他的法定代理人代理，或者征得他的法定代理人的同意。不满十周岁的未成年人是无民事行为能力人，由他的法定代理人代理民事活动。"由此可见，无民事行为能力和限制行为能力的未成年人进行民事活动，要由其法定代理人代理。根据《民法通则》第14条的规定，无民事行为能力人、限制民事行为能力人的监护人是他的法定代理人。同时第16条规定，未成年人的父母是未成年人的监护人。因此，父母可以代理未成年人从事民事活动。

第二，我国法律关于放弃继承权的代理的规定。我国《继承法》第6条规定："无行为能力人的继承权、受遗赠权，由他的法定代理人代为行使。限制行为能力人的继承权、受遗赠权，由他的法定代理人代为行使，或者征得法定代理人同意后行使。"同时，最高人民法院《关于贯彻执行〈中华人民共和国继承法〉若干问题的意见》第8条规定，法定代理人一般不能代理被代理人放弃继承权、受遗赠权。明显损害被代理人利益的，其代理行为无效。

现实中有这样一个例子：李某今年8岁，父母离婚后，其随父亲共同生活，日子过的很苦。今年，李某的母亲林某在一次车祸中丧生，给李某留下一笔遗产。李某的父亲因痛恨林某，坚决不要林某的一分钱，便代李某放弃了继承权。请问，该代为放弃继承权的行为是否有效？李某年仅8岁，属于无民事行为能力人，李某的父亲作为监护人，虽有权代理李某争取遗产、保管遗产，为了李某的利益处分遗产，但不可以随意代李某放弃继承。但他却在生活并不富裕的情况下代李某作出了放弃继承权的意思表示，可见该行为已严重损害了李某的利益。所以该代理行为无效，李某仍可以继承其母亲的遗产。

友情提示

法律上授权父母代理未成年人从事民事活动，是为了保护他们的利益，所以农民朋友在代理行使继承权时，应当以维护被代理人的合法利益为出发点。如果代理未成年人放弃继承权、受遗赠权，明显损害被代理人利益的，其代理行为无效，对被代理人也不发生效力。

第四节 继承权的保护

1. 应继承的遗产被他人非法取得该怎么办？

关键词

【继承恢复请求权】

有问必答

当事人因继承取得的遗产被他人占有后，该如何维护自己的合法权益，这一问题实际上涉及到当事人继承权的保护和继承恢复请求权的行使，下面我们就具体分析一下继承恢复请求权。

（一）如何理解继承恢复请求权

继承恢复请求权是指合法继承人的财产继承权被他人侵害时，有请求恢复到继承开始时的状态的权利。继承权恢复的请求，具体包括两个方面：一是确认继承人继承资格和继承地位的权利；二是遗产的返还请求权。这两种请求权在实践中往往是结合在一起的。只有确认了继承人的合法地位，才能要求侵权人返还被其非法占有的遗产，维护继承人的继承权。当然，现实中也有可能发生继承人只要求侵害其继承权的人返还遗产，并不发生确认其继承权的问题，如在共同继承中容易出现这种情况。

（二）在哪些情况下可以行使继承恢复请求权

实践中，继承人的继承权被以下行为侵害时，可以行使继承恢复请求权，要求法律保护：

（1）非继承人在没有任何法律依据的情况下，占有了被继承人的遗产而又拒不返还。

（2）继承开始后，在依法需要对某项遗产进行新的产权登记时，他人阻挡不让其进行登记，应认定为该继承人权利被侵犯。

（3）在同一顺序数个法定继承人中，对遗产进行分割时，一部分人处分或者剥夺了另一部分人应得的遗产份额。

（4）在法定继承中，第二顺序的继承人（如兄弟姐妹、祖父母、外祖父母）先于第一顺序的继承人（如配偶、子女、父母）得到遗产，这是对第一顺序继承人的继承权的侵犯。

（5）已经取得遗产的继承人，后被依法确认其丧失继承权的，应将所得遗产返还给应得该遗产的继承人，否则是对合法继承人继承权的侵犯。

现实中有这样一个例子：周某离开家乡近50年，老家的四间房屋一直由其弟弟居住。去年年底周某因突发脑溢血死亡。周某的养子周小某在办完养父的丧事后，欲办理房屋产权变更登记，但是周某的弟弟认为周小某不是他们家的人，所以不能继承周家祖屋。请问，周小某是否可以继承祖屋？根据继承法的规定，养子和亲生子女有同等的继承权，在这种情况下，周小某可以行使继承恢复请求权，以维护自己的合法权益。

友情提示

在广大农村，侵犯继承人继承权的情况时有发生，主要原因是一些人传统观念陈旧，不承认继承人继承资格和继承地位，拒绝返还其占有的继承人应继承的财产。

2. 请求保护继承权有没有时间限制?

关键词

【继承恢复请求权的诉讼时效】

有问必答

当继承人的继承权受到侵害以后，继承人向有关部门请求保护自己的合法权益的时间限制，实际上涉及到继承恢复请求权的诉讼时效问题。继承恢复请求权的诉讼时效，是指继承人在法定期间内不向人民法院请求恢复继承权，即丧失请求人民法院依审判程序予以保护的权利。

第一，我国法律对继承恢复请求权的诉讼时效的规定。《继承法》第 8 条规定："继承权纠纷提起诉讼的期限为二年，自继承人知道或者应当知道其权利被侵犯之日起计算。但是，自继承开始之日起超过二十年的，不得再提起诉讼。"这就是说，从被侵害人知道或者应当知道其继承权被侵害时起，两年内不行使继承恢复请求权，其继承权不再受法律的保护；如果不知道其继承权被侵害，则自继承开始之日起，超过 20 年不行使继承恢复请求权，其继承权也不再受法律的保护。

现实中有这样一个例子：斐某和妻子韩某结婚后，住在韩家一套房子（属于韩某的父母所有）内至今有 40 多年。其间岳父岳母先后病故，2006 年 3 月韩某也因病去世。2006 年 4 月，韩某的弟弟、妹妹向法院起诉，称斐某及其子女居住的房子为韩家的财产，要求斐某及其子女搬出。斐某及其代理人认为，韩某也有继承权，况且诉讼已经超过诉讼时效，要求法院驳回原告起诉。法院审理认为，韩某的弟妹与斐某所争议的房子属于韩某父母的遗产范围，韩某的弟妹并没有放弃继承权。在韩某去世后，他们提出诉讼前，尚没有发生侵权情形，因此，该诉讼时效应当从提起诉讼之日起计算，故韩某的弟妹请求恢复继承权未超过诉讼时效。

第二，如何理解知道或应当知道。只有准确地认定知道的时间，才能确定继承权诉讼时效的起点。在实践中，一般认为所谓知道或应当知道包括三种含义：一是知道自己是真正的继承人；二是知道该标的物或代位物属于遗产；三是知道自己的继承权已为他人排除的事实。三者缺一，均不构成“知道”这个法律术语。例如，大弯村王小某于2000年出嫁。2005年4月其父去世。在分割其父遗产时，王小某的哥哥王某以其已出嫁，没有继承权为由，独自继承了其父遗留下的遗产。今年3月8日，王小某从他人那里知道了出嫁女同样享有继承权，于是向王某索要属于自己的遗产，但遭到拒绝。这时，王小某就可以从3月8日起计算2年诉讼时效，向人民法院提起诉讼。如果王小某消息闭塞，一直不知道出嫁女同样享有继承权，那么，王小某则应该从继承其父遗产之日起计算20年的诉讼时效，超过这个时效，王小某请求法院保护自己继承权的权利即丧失。

友情提示

继承恢复请求权是继承人的一项重要权利，其继承权受到他人非法侵害时，应及早寻求法律援助，以恢复自己应得的权益。若继承人是未成年人或无行为能力人，其权利被侵害，从其法定代理人知道时起算。

3. 胎儿的继承恢复请求权由谁行使？

关键词

【继承恢复请求权的行使】

有问必答

胎儿属于特殊的继承权人，如果其继承权被侵害，该如何行使继承权呢？这一问题实际上涉及到了继承恢复请求权的行使，下面我们就结合法律予以解释。

第一，一般情况下，继承恢复请求权如何行使。继承恢复请求权由被侵害人及其法定代理人行使。被侵害人是指在继承顺序中的合法继承人，不在该继承顺序的继承人不是被侵害人，没有权利请求恢复继承权。如果被侵害人未主张这种权利，那么，在该被侵害人死后，其继承人则不得继承这种恢复请求权。例如，杨某有父母和一子、一女。他死后，没有留下遗嘱，他的儿子杨大某便自命为唯一的继承人，侵吞了杨某的全部遗产。这时，杨某的父母和女儿杨小某作为第一顺序的法定继承人，就可以杨大某侵犯他们的继承权为由，向人民法院提出请求恢复继承权的诉讼。如果在向法院起诉前，杨小某放弃了该权利，过后又在一次车祸中死亡，那么她的子女则不能代替她主张继承权。

第二，胎儿的继承恢复请求权如何行使。根据《继承法》第28条的规定，胎儿享有继承权。因此，当继承开始时，母亲已经有孕，但尚未发觉，或者处于不明的状态中，而在遗产分割以后才知道在继承开始时已经有了胎儿，这时胎儿的继承权即受到侵犯，其法定代理人便有权代为请求恢复继承的权利。又因为胎儿与母体尚未分离时，胎儿也是母体的一部分，因此，胎儿的继承恢复请求权由其母亲代理行使最为适宜。

第三，继承人行使继承恢复请求权的途径。当继承人的继承权被侵害时，继承人可以通过以下三种途径维护自己的权利：一是向继承权的侵害人提出，侵害人应当承认合法继承人的法律地位，并返还其应当继承的份额；二是向侵害人所在地的人民调解委员会或有关单位提出，由人民调解委员会或有关单位组织出面调解解决；三是向被继承人生前户籍所在地或者主要遗产所在地的人民法院提起诉讼，由人民法院审判解决。

友情提示

胎儿的继承权也受到法律的保护，因此，继承人在分割遗产时应当保留胎儿的继承份额。如果没有保留，胎儿的母亲可作为法定代理人代替其行使继承恢复请求权，其他继承人应当积极配合，使得胎儿的合法权益能够得到有效的维护。

4. 继承人请求法院保护继承权的期限是否可以超过2年？

关键词

【继承权保护期限的中止、中断、延长】

有问必答

对于继承人请求法院保护继承权的期限是否可以超过2年这个问题，在实际生活中可能涉及了继承权诉讼时效的中止、中断和延长。根据最高人民法院《关于贯彻执行〈中华人民共和国民法通则〉若干问题的意见（试行）》第177条的规定：“继承的诉讼时效按继承法的规定执行。诉讼时效的中止、中断、延长，均适用民法通则的有关规定。”以下我们就结合法律进行分析解答：

第一，继承权诉讼时效的中止。最高人民法院《关于贯彻执行＜中华人民共和国继承法＞若干问题的意见》第15条规定："在诉讼时效期间内，因不可抗拒的事由致继承人无法主张继承权利的，人民法院可按中止诉讼时效处理。"因此，在诉讼时效期间的最后六个月，由于某种法定事由的发生，如遇天灾、地震、战争等不可抗力或者其它障碍，足以使权利人不能行使诉讼请求时，因而暂时停止诉讼时效的进行，待障碍诉讼时效进行的原因消除以后，诉讼时效继续进行，其中诉讼时效暂停的一段时间不计入诉讼时效期间内，从中止诉讼时效的原因消除之日起，诉讼时效期间继续计算。

例如，张某的继承权在2007年8月就受到冉某的侵犯，但张某在2009年6月才准备向法院起诉，可就在这时发生了洪灾，张某不得不抗洪2个月。这样就超过了2年诉讼时效，为此张某非常苦恼，就向我们寻求帮助。我们告诉他，他参加抗洪这2个月适用中止诉讼时效，该段时间不计入诉讼时效期间内，所以他现在仍有权向法院提起诉讼。过后，张某向法院提起了诉讼，最终通过诉讼途径维护了自己的继承权。

第二，继承权诉讼时效的中断。继承权诉讼时效的中断，是指在诉讼时效的进行中由于当事人的行为使诉讼时效的进行停止；从中断诉讼时效的原因消除后，诉讼时效期间重新计算，在此以前所进行的诉讼时效期间归于无效。在我们生活中，引起诉讼时效中断的原因有三：一是当事人根据最高人民法院《关于贯彻执行＜中华人民共和国继承法＞若干问题的意见》第16条的规定提起诉讼，请求人民法院审判保护继承权；二是享有继承权或者享有合法遗产权益的人在诉讼时效期间直接向义务人提出要求履行义务；三是义务人在诉讼期间向权利人表示愿意履行义务。

看一个现实中的例子：小红、小鹃二人于2007年1月共同继承了母亲的遗产，但未作分割，遗产由姐姐小红保管。后来小红于同年2月私自将共同遗产变卖，独吞全部价款。过后小鹃便知道了此事，由于其有身孕，在今年3月才向小红提出要求分割变卖遗产的价款，但遭到小红拒绝。依照继承法的规定，小鹃向人民法院请求保护继承权的诉讼时效期间应从2007年2月起到2009年2月止。但是由于其在2008年4月向小红提出过要求分割遗产的价款，所以，应适用诉讼时效中断的规定，诉讼时效期间应当从2008年4月起到2010年4月止。在这期间内小鹃可以向法院起诉请求保护继承权。

第三，继承权诉讼时效的延长。继承权人确有特殊情况，在法定的诉讼时效期间内未能及时行使权利而延误了诉讼时效期限，可以向人民法院说明情况，人民法院经审查核实后，会做出延长诉讼时效的决定。

友情提示

农民朋友的继承权受到侵害，又因某些原因耽误了诉讼，如果侵权人以超过诉讼时效为由提出抗辩，农民朋友则可以根据诉讼时效的中止、中断和延长的法律规定，维护自己的合法权益。

第二章 法定继承

第一节 法定继承人

1. 在没有遗嘱的情况下子女可以要求继承死者的遗产吗？

关键词

【法定继承】

有问必答

被继承人死亡后，其没有留下遗嘱处理自己的财产，继承人对其留下的财产应按照法定继承处理。

（一）法定继承的涵义

所谓法定继承是指按照法律规定的继承人范围、继承人顺序、遗产分配的原则，将被继承人的遗产转移给继承人所有的继承方式。由于这种继承只是在没有遗嘱时才发生法律效力，法定继承又称无遗嘱继承，其涵义主要包括以下两个方面：一是，法定继承是以一定的人身关系为前提，即确定法定继承人的范围、继承顺序和遗产份额的根据是继承人和被继承人之间存在血缘关系、婚姻关系和收养关系。例如，《继承法》第 10 条规定的配偶为法定继承人，其根据是存在婚姻关系；父母、子女、兄弟姐妹、祖父母、外祖父母为法定继承人，其根据是存在血缘关系；二是，《继承法》中对法定继承人范围、法定继承人顺序、继承份额以及遗产分配原则等都有具体规定，除法律另有规定外，其他任何组织和公民个人均无权予以改变。

（二）哪些情况适用法定继承

我国《继承法》第5条规定："继承开始后，按照法定继承办理；有遗嘱的，按照遗嘱继承或者遗赠办理；有遗赠扶养协议的，按照协议办理。"依此规定，法定继承具体适用下列情况：

（1）被继承人生前未立遗嘱对其财产作出全部处理；或者被继承人已订立遗嘱，但遗嘱只对其部分财产作了处理，那么，其未处理的部分财产应适用法定继承。例如，房某有两间房，一辆拖拉机。其去世后留下的遗嘱只对拖拉机的归属作了规定。这时房某的两间房屋就应当按照法定继承处理。

（2）被继承人生前所立的遗嘱由于违反了国家法律、法令等，经人民法院判决宣告无效的，应适用法定继承。如果遗嘱部分有效，部分无效，则遗嘱无效部分应适用法定继承。

（3）被继承人生前未同他人订立遗赠扶养协议，或已订立了遗赠扶养协议失去法律效力的。

（4）被继承人在遗嘱中指定的遗嘱继承人或受遗赠人放弃继承或拒绝接受遗赠的，其放弃继承或放弃遗赠的那部分遗产，应适用法定继承。

（5）遗嘱继承人或受遗赠人依法丧失继承权或受遗赠权的，其丧失继承权或受遗赠的遗产，应适用法定继承。

（6）遗嘱继承人或受遗赠人先于被继承人死亡的，该遗嘱无效，被继承人的遗产适用于法定继承。例如，李某立下遗嘱，自己的房屋家禽都归儿子李军继承。没想到，刚立完遗嘱两天李军就遭遇车祸死亡。过后，李某也去世。这时，李某所立的遗嘱因没有承受人，所以遗嘱无效，李某的遗产应适用法定继承。

现实中有这样一个例子：小松在外地工作，只能在节假日回老家看望父母。他本打算接父母出来一起生活，但两位老人年事已高，故土难离。因小松没有其他兄弟姐妹，所以小松的表妹经常去照顾两位老人，老人对表妹很信任。今年6月，小松的母亲没有留下只言片语就离开了人世，。小松害怕父亲以后把遗产全部给表妹，于是向父亲提出分割母亲的遗产。其父亲认为自己尚未去世，小松没有权力分割母亲的遗产。于是双方发生了纠纷。我们认为，小松与其母亲有血缘关系，按照法律规定是法定继承人，并且其母亲没有留下遗嘱对其财产进行处理，因此在其母亲去世后，小松有权要求继承遗产。

友情提示

按照我国的传统习惯，父母一方去世，另一方尚健在时，一般不进行分割去世方遗产，但从法律的角度来讲，如果子女提出分割遗产的请求是合法的，健在方不应当拒绝。

2. 同父异母的兄弟姐妹可以成为法定继承人吗？

关键词

【法定继承人范围】

有问必答

对于同父异母的兄弟姐妹是否可以成为法定继承人，该问题实际上涉及了法律对法定继承人范围的规定。法定继承人的范围是指适用法定继承方式时，哪些人可以作为死者遗产的继承人，以下我们就结合法律进行分析解答：

（一）我国法律对法定继承人范围的规定

根据《继承法》第10条的规定，配偶、子女、父母、兄弟姐妹、祖父母、外祖父母都有法定继承权，只不过他们所处的继承顺序不一样。此外，《继承法》第12条规定："丧偶儿媳对公、婆，丧偶女婿对岳父、岳母，尽了主要赡养义务的，也可以成为法定继承人。"同时，孙子女、外孙子女和晚辈直系血亲可以代位继承被继承人的财产，也属于法定继承人。在现实中有这样一个例子：钱某父母健在，有两个兄妹钱甲和钱乙。1979年，钱某经人介绍认识卫某，婚后二人生有一儿钱小丙一女钱小丁。钱小丁去年结婚生有一子林小丁。今年，钱某病故，因未留下任何遗嘱，所以其兄妹、子女为争夺其在村东头所有的价值上百万元的煤矿发生了纠纷。钱小丁在争夺中因心脏病突发去世。根据上述法律规定，钱某的父母、卫某和钱小丙可以作为第一顺序继承人继承该煤矿，钱甲和钱乙因第一顺序继承人都存在，所以无权继承钱某的遗产。钱小丁死后，其子林小丁可以代位继承钱某的遗产。所以，这起案件中的法定继承人包括钱某的父母、卫某和钱小丙和林小丁。

（二）我国法律对法定继承人中兄弟姐妹的认定

根据《继承法》第10条第5款的规定我们可以知道，本法所说的兄弟姐妹，不仅包括同父母的兄弟姐妹、同父异母或者同母异父的兄弟姐妹，还包括养兄弟姐妹和有扶养关系的继兄弟姐妹。他们有的虽然只有半血缘关系和拟制血缘关系，但是他们在继承祖父母、外祖父母和父母的遗产时和全血缘关系的兄弟姐妹一样具有平等的继承权。例如生活中有这样一个案例，蔡某和杨某于83年经人介绍结婚，婚后生有一女孩蔡小甲。由于地处农村，蔡某的父母对杨某生了一个女孩很不满意，由此也引发了蔡某与杨某之间的矛盾，最终二人因感情不和离婚。离婚后，蔡小甲随杨某生活。蔡某很快在父母的撮合下与邻村的姜某结了婚，婚后生有一子蔡小乙。今年，蔡某去世，留下了一大笔的遗产。杨某家境贫困，就叫蔡小甲去继承蔡某的遗产。但是，蔡小乙以蔡某未留遗嘱，该遗产应由自己继承为由拒绝给蔡小甲分割遗产。二人最终因这事起诉到了法院。法院审理认为，蔡小甲与蔡小乙是同父异母的兄弟姐妹，属于《继承法》中所说的兄弟姐妹，因此判决二人享有平等的继承蔡某遗产的权利。

友情提示

在这里要提醒农民朋友，法定继承遗产应按照先后顺序继承。继承开始以后，只有在没有第一顺序继承人（配偶、子女、父母）或者第一顺序的继承人全部放弃继承权或者被剥夺继承权的情况下，才能由第二顺序的继承人（兄弟姐妹、祖父母、外祖父母）继承遗产。

3. 同一顺序的继承人的继承份额必须均等吗？

关键词

【法定继承的遗产分配原则】

有问必答

该问题实际上涉及到法定继承的遗产分配原则。

我国《继承法》第13条规定：“同一顺序继承人继承遗产的份额，一般应当均等。对生活有特殊困难的缺乏劳动能力的继承人，分配遗产时，应当予以照顾。对被继承人尽了主要扶养义务或者与被继承人共同生活的继承人，分配遗产时，可以多分。有扶养能力和有扶养条件的继承人，不尽扶养义务的，分配遗产时，应当不分或者少分。继承人协商同意的，也可以不均等。”由此可以看出，我国法定继承应遵循以下原则：

（一）一般情况下应当均等分配

在没有法律规定的特别情形下，同一顺序的法定继承人之间，进行遗产的分配时应当均等。这个均等是指不管继承人的性别、年龄、婚姻状况如何，都应当按照继承人的人数平均分配遗产。例如，张某与李某于2007年结婚，婚后生有一子，现在3岁。今年，张某不幸在一次事故中去世。如果张某的父母健在，在分配遗产时，其妻、父母和子四个人就应当各自分到张某遗产的四分之一；如果张某的父母已不在了，那么，其妻和他3岁的儿子就应当各自分到张某遗产的二分之一。

（二）特殊情况下继承人的继承份额可以不均等

如果法律对同一顺序的继承人之间的继承份额都规定均等，势必会导致一部分人因没有生活能力无法生活或因尽到的义务与权利不符而显失公平，因此，我国法律允许不均等分配，并保护不均等分配。以下就是同一顺序的法定继承人应继承份额可以不均等的情况：

（1）对生活中有特殊困难的缺乏劳动能力的继承人，在分配遗产时，应适当照顾。我国《继承法》第13条第2款之所以规定这种遗产继承的方式，目的是通过保护家庭中弱者权利的倾向，以体现家庭在社会中的特殊功能，从而避免没有生活能力的家庭成员因被继承人的死亡而使其生活失去保障。

（2）对被继承人尽了主要义务或者与被继承人共同生活的继承人，在分配遗产时可以多分。这种根据权利义务相一致原则的分配方式，能够鼓励继承人在扶养被继承人方面尽更多的义务，发扬家庭中尊老爱幼的社会主义道德风尚。

（3）有扶养能力和有扶养条件的继承人，不尽扶养义务的，在分配遗产时应当少分或者不分。扶养赡养老人是每个子女应尽的义务。当子女具备赡养条件而不赡养老人时，应当少分得或者不分得老人遗产。这样规定，既有利于促使子女积极履行赡养义务，也有利于维护尽了主要赡养义务的子女的权利。

（4）继承人经协商同意后，可以不平均分配遗产。《继承法》第 13 条第 5 款之所以这样规定，更多的是尊重继承人处分自己权利的意志。只要继承人出于自愿，且有行为能力，他们对自己的继承权就可以自由处置，根据其意愿可以要求少分或不分。

现实中有这样一个例子：姜某和任某两人于 1950 年结婚，先后生育了三个女儿和一个儿子。儿子常年在外地工作，不能照顾两位老人。2005 年任某因中风而半身不遂，行动多有不便，姜某也年老体衰难以很好地照顾妻子。三女儿同父母居住在一地，于是，三女儿毫无怨言地照顾起父母。2009 年两位老人没有留下任何遗嘱就相继去世，在分割他们的遗产时，大女儿认为他们姐妹兄弟都是第一顺序的继承人，应当平分遗产；儿子认为三姐赡养父母较多，应当多分；二女儿认为弟弟是姜家的唯一男孩，财产应当由他全部继承。为此，他们形成了不同意见。结合上述法定继承的遗产分配原则，姜某的三个女儿和儿子都可以分得遗产，但姜某的三女儿对老两口尽的扶养义务，因此在分配遗产时，三女儿可以多分。

友情提示

在农村，尤其是在一些存在重男轻女封建思想的偏远地区，他们认为，只有男性才能继承老人的遗产。殊不知这种观点是错误的。在我国男女不仅有同等的继承权，而且女儿对老人尽了主要赡养义务，在继承老人的遗产时，还可以多分得老人的遗产。

4. 非婚生子女、养子女、有扶养关系的继子女是否有权继承父母的遗产？

关键词

【子女的法定继承权】

有问必答

根据《继承法》第10条的规定可知，子女可以作为法定继承人的第一顺序继承人继承其父母的遗产。但是在现实生活中，子女有多种类型，包括婚生子女、非婚生子女、养子女和有扶养关系的继子女。那么，这些子女是否都可以继承父母的遗产呢？我们就从以下几点予以分析解答：

第一，婚生子女。婚生子女是父母在有合法婚姻关系的情况下生育的子女。无论父母以后的婚姻状况发生什么样的变化，无论自己随父姓还是随母姓，无论自己已婚还是未婚，婚生子女对生父母的遗产都享有继承权。

第二，非婚生子女。它是指没有合法婚姻关系的男女所生的子女。《婚姻法》第25条规定：“非婚生子女享有与婚生子女同等的权利，任何人不得加以危害和歧视。”《继承法》也明确规定，非婚生子女和婚生子女一样，享有平等的继承权。我国法律之所以这样规定，是因为非婚生子女和婚生子女都与生父母有直接的血缘关系，是直系血亲，并且非婚生子女本身是无辜的，他们的合法权益同样受到法律的保护。因此，非婚生子女不仅有权继承其母亲的遗产，也有权继承其生父的遗产，不论其生父是否认领该非婚生子女。

第三，养子女。它是被继承人生前合法收养的子女。养父母和养子女之间存在一种法律拟制的血亲关系。《婚姻法》第26条规定："养父母和养子女间的权利和义务，适用本法对父母子女关系的有关规定。养子女和生父母间的权利和义务，因收养关系的成立而消除。"可见，养子女和养父母有继承与被继承的关系。不过，收养关系一旦解除，养父母和养子女之间的父母子女关系就不再存在，相互之间的权利义务关系也将终止，不再有相互继承的关系。

现实中有这样一个例子：张某和孙某结婚多年，生活富裕很幸福，唯一的缺憾就是没有孩子。1980年，两人通过合法手续从孤儿院收养了一个3岁的女孩，取名张小小。今年，张某因病去世，在分割其遗产时，孙某认为张小小是收养的，和张某没有血缘关系，不能继承其遗产。而张小小对此表示反对，过后便向法院提起了诉讼。结合上述对养子女的分析，张小小和张某的关系属于养子女和养父母之间的关系。张小小作为张某夫妇收养的孩子，形成和亲生父母子女一样的权利和义务关系。到张某去世，张小小和张某夫妇也没有解除收养关系，还是其养子女。因此，按照法律的规定，张小小有权利继承其养父的遗产。

第四，有扶养关系的继子女。继子女是妻与前夫或夫与前妻所生的子女。原则上，继子女只能继承生父母的遗产，而不能继承继父母的遗产。但是《婚姻法》第27条第2款规定："继父或继母和受其抚养教育的继子女间的权利和义务，适用本法对父母子女关系的有关规定。"因此，形成扶养关系的继子女和继父、继母之间又有互相继承的权利。

友情提示

在农村存在一些落后的观念，认为非婚生子女对生父母的遗产没有继承权、继子女对继父母的遗产没有继承权等。其实这些观念都是不正确的，非婚生子女、养子女、有扶养关系的继子女同样对父母的遗产享有继承权，因此，当这些继承权被侵害时，应积极通过法律武器来维护自己的合法权益。

5. 养子女对养父母尽了赡养义务同时又对生父母扶养较多的是否可以分得生父母的遗产？

关键词

【养子女的法定继承权】

有问必答

在现实生活当中，很多养子女都沿袭了尊老爱幼，孝敬父母这一传统美德。他们被抚养成人后，不仅对养父母尽了赡养义务，同时也对自己的生父母扶养较多。我国法律为了鼓励这一现象，规定了养子女对生父母扶养较多的，可分得适当遗产。

第一，我国法律对养子女对生父母的继承权的规定。养子女由于收养关系成立后，与生父母的子女之间法律上的权利义务关系就随之解除，再没有权利继承其生父母的遗产。但是，在现实生活中，有的子女被收养后，仍然扶养生父母，因此，为了鼓励这种行为，最高人民法院《关于贯彻执行〈中华人民共和国继承法〉若干问题的意见》第19条规定："被收养人对养父母尽了赡养义务，同时又对生父母扶养较多的，除可以按继承法第十条的规定继承养父母的遗产外，还可依继承法第十四条的规定分得生父母的适当的遗产。"由此可以看出，养子女对养父母的财产有法定继承权，对生父母的财产没有法定继承权，但是，在养子女对生父母扶养较多的情况下，可以分得适当遗产。

第二，理解养子女对生父母的继承权应当注意的问题。养父母子女之间是一种拟制血亲关系，这种关系可因收养关系的解除而消灭。收养关系解除后，未成年养子女和生父母及其他亲属间的权利义务自行恢复，这时未成年养子女与其生父母之间可以互为法定第一顺序继承人。成年并独立生活的养子女与生父母的权利义务关系是否恢复，可以协商确定。关系恢复的，互享有法定继承权；难以协商恢复的，对生父母无法定的继承权。

现实中有这样一个例子：小赵在2岁时被赵某夫妇收养。1999年生母病故，其唯一的女儿焦凤在外地工作，于是小赵将无人照料的焦某接到自己家里扶养。2006年焦某去世，焦凤和小赵共同料理完丧事后，焦凤认为小赵已被赵家收养，无权再继承生父母的遗产，便要求继承焦某全部的遗产。小赵认为自己和生父母有血缘关系，有法定继承权利。为此二人争得不可开交。其实，焦凤和小赵的想法都是错误的。虽然小赵与焦某存在血缘关系，但是他被赵某夫妇收养后，就与焦某解除了法律上的权利义务关系，只能继承赵某夫妇的遗产，而无权继承焦某的遗产。又考虑到小赵自99年起就将焦某接到家里扶养，对焦某扶养较多，因此，根据上述法律规定，其可以分得生父焦某适当的遗产。

友情提示

这里要注意，一般情况下，养子女是不能继承生父母的遗产的，只有在养子女对生父母尽了较多的扶养义务的情况下，其才可以分得适当遗产。并且，在这里养子女取得遗产不是因为其与生父母的血缘关系，而是取决于其对生父母尽的扶养义务的多少。

6. 继子女是否可以同时继承继父母的遗产和生父母的遗产？

关键词

【继子女的法定继承权】

有问必答

继子女是指妻与前夫或夫与前妻所生的子女。继子女与继父母之间形成的是一种拟制血亲关系，所以，我国法律规定，有扶养关系的继子女可以继承继父母的遗产。那么，对于继子女继承了继父母的遗产后，是否还可以继承生父母的遗产呢？我们通过以下两个方面进行解答：

（一）有扶养关系的继子女可以继承继父母的遗产

继父母和继子女之间虽是一种拟制的血亲关系，但与养子女与养父母之间的拟制血亲关系不同。根据我国《继承法》第10条第3款的规定，有扶养关系的继子女才可以作为第一顺序继承人继承继父母的遗产。因此，继子女和继父母的法定继承关系是否存在，主要看它们之间是否形成了扶养关系。有扶养关系的继子女有权继承继父母的遗产；没有扶养关系的继子女无权继承继父母的遗产。在我们现实生活中，一般从以下几个方面判定继子女与继父母之间是否存在扶养关系：

（1）继子女和继父或继母长期生活在一起，即形成了事实上的扶养关系。如，王某的母亲在他7岁时，带着他嫁给了张某。今年，王某大学毕业，就在他想孝敬父母的时候，张某却因病去世。这时作为与张某生活多年的王某就可以作为法定继承人继承张某的遗产。

（2）生父母再婚时，子女已长大成人，分居另过或者其生父母再婚后，继子女并未与继父或继母共同生活，而由祖父母或外祖父母扶养成人。继子女对继父或继母没有尽过什么赡养义务，没有形成扶养关系，彼此之间不存在继承权问题。

（3）继子女与继父母共同生活，但继子女的生活费由其生父或生母供给以部分或全部；或者继父母对继子女尽了扶养、教育义务，而继子女未对继父母尽赡养义务。这种情况一般视为形成了扶养关系，但分配遗产时，应根据情况适当减少其份额。

（二）继子女都有权继承生父母的遗产

最高人民法院《关于贯彻执行＜中华人民共和国继承法＞若干问题的意见》第21条第1款规定："继子女继承了继父母遗产的，不影响其继承生父母的遗产。"可见，继子女继承继父母的遗产并不影响其对生父母遗产的法定继承权。所以，有抚养关系的继子女在继承继父母遗产后，仍有权继承生父母的遗产。

现实中有这样一个例子：小明2岁时随母亲党某改嫁到李家，和继父共同生活在一起。并由继父抚养成人。小明的生父张某每月都寄送抚养费，但很少看望小明。2006年，小明的继父和生父相继去世，已经成人的小明想要求继承继父和生父的遗产，但都被拒绝。结合上述对继子女继承权的分析，小明和继父之间形成了扶养关系，因此，他有权继承继父的遗产，并且是第一顺序的法定继承人。同时，小明虽与其生父很少见面，但它们之间的生父母子女关系不会因此消失，按照法律的规定，他有权利继承生父的遗产，并且也是第一顺序的法定继承人。

友情提示

受旧社会、旧思想的影响，在农村一些地方，继子女遭到继父、继母的虐待或他人的歧视的现象时有发生。遇到这种情况时，一定不要着急，应积极地寻求帮助，学会用法律的武器来维护自己的合法权利。

7. 父母对子女的遗产有无继承权?

关键词

【父母的法定继承权】

有问必答

父母是对子女而言的，是直系血亲尊亲中最亲近的人。父母有养育子女的责任，子女有赡养父母的义务。所以，父母与子女之间有相互继承的权利。在子女先于父母死亡的情况下，父母对子女的遗产当然有继承权。

（一）我国法律对父母的法定继承权的规定

父母是在血缘上与子女最近的直系尊亲属，父母子女之间具有最密切的人身关系。根据《继承法》第10条的规定，配偶、子女、父母同为第一顺序的继承人。可见，子女可以继承父母的遗产，父母也可以继承子女的遗产。因此，父母对子女的遗产有法定继承权。

（二）理解父母的法定继承权应注意的问题

根据《继承法》第10条的规定我们可以知道，父母不仅包括生父母，还包括养父母和有扶养关系的继父母。那么，父母是否都可以继承子女的遗产吗？我们的回答是否定的。

（1）生父母对其亲生子女的遗产有继承权。无论该子女为婚生子女还是非婚生子女，无论该子女是否出嫁，生父母对该子女都有法定继承权。

（2）亲生子女已被他人收养的，生父母对其遗产无继承权。无论是否受过该子女的扶养，生父母对被他人收养的子女的遗产都无继承权。如果收养关系解除后，被收养子女已同生父母恢复法律上的权利义务关系的，父母有权继承该子女的遗产；如果被收养子女没有与生父母恢复法律上的权利义务关系的，父母对该子女的遗产没有继承权。

（3）养父母对养子女的遗产有继承权。通过合法手续成立的养父母与养子女关系的，养父母对养子女的遗产有继承权。不过，养子女同养父母的收养关系解除后，养父母将不再享有继承养子女遗产的权利。

（4）有扶养关系的继父母可以继承继子女的遗产。继父母与继子女之间的关系依相互之间的扶养关系而定，而不依继子女与其生父母的关系决定。因此，继父母与继子女之间已经形成扶养关系的，继父母有权继承继子女的遗产。并且根据最高人民法院《关于贯彻执行＜中华人民共和国继承法＞若干问题的意见》第21条第2款的规定，继父母在继承了继子女遗产的同时，还可以继承生子女的遗产。

在现实中有这样一个例子：小峰和小毛1978年结婚，婚后正好赶上改革开放，于是小峰在1983年借款承包了乡里的砖瓦厂。由于善于经营，抓住了市场机会，没过几年小峰就挣了很多钱。他不仅还清了借款，而且在城里买了两套房产，并把父母和妻子、儿子都接到城里住。今年3月，小峰不幸遇车祸身亡后，小毛欲将小峰的父母赶走，想和儿子继承小峰的全部房产。但是，小峰的父母拒绝让出自己居住的一套房屋，认为，儿子为父母买的房子，自己有权居住。结合上面对父母的法定继承权的分析，小峰的父母作为其生父母，和小峰的妻子、儿子都是第一顺序继承人，因此，他们对小峰留下来的个人遗产应该均等分配。对于小峰的个人遗产，首先应从小峰夫妇的共同财产中分割出，然后，小峰父母、妻子、儿子再进行分割。

友情提示

在农村，子女先于父母死亡的情形也是时有发生。大多数的父母考虑到，丧偶的一方及其子女因亲人的去世而十分悲伤，所以，他们在自己生活还过得去的情况下，往往不要求分得死者所留的遗产。但是，作为儿媳或是女婿也应当体谅做父母的心情，对于不要求继承死者遗产。且生活困难的父母应在经济上适当给予补偿。这是人是常情，也是孝的表现。这样做会使家庭更加和睦，友爱。

8. 胎儿是否有继承权？

关键词

【胎儿的继承权】

有问必答

丈夫去世后，妻子已怀孕的，其胎儿也应有继承权，应当属于继承人的范围。

第一，我国法律对胎儿继承权的规定。我国《继承法》第 28 条规定：“遗产分割时，应当保留胎儿的继承份额。胎儿出生时是死体的，保留的份额按照法定继承办理。”依照这一规定，在继承开始时，如果被继承人尚有未出生的“遗腹子”，就应当为其保留必要的份额。所保留的遗产份额，一般应等同于各继承人所取得遗产份额的平均数。同时，最高人民法院《关于贯彻执行〈中华人民共和国继承法〉若干问题的意见》第 45 条第 1 款规定：“应当为胎儿保留的遗产份额没有保留的应从继承人所继承的遗产中扣回。”据此，为胎儿保留必要的份额是法律强行规定的，即使遗产已被分割，仍要从继承人继承的遗产中扣回。

第二，如何理解胎儿的继承权。我国民法规定，公民的民事权利始于出生而终于死亡，据此，胎儿不具有民事权利能力，故不享有继承权。但若僵硬坚持权利能力始于出生，则“遗腹子”在其父亲死亡时将得

不到任何遗产，这显然对该胎儿不公平。因此，为保护胎儿的利益，《继承法》第 28 条规定:“应当保留胎儿的继承份额”。不过,法律这样规定,并不意味着该胎儿此时即已继承这份遗产，根据最高人民法院《关于贯彻执行〈中华人民共和国继承法〉若干问题的意见》第 45 条第 2 款规定，胎儿出生时是死体，则为该胎儿保留的份额仍然作为被继承人的遗产，由被继承人的其他继承人按规定继承。所以，只有等胎儿出生成为婴儿时,他才能真正取得遗产。该保留份额通常由母亲代为保管。

在现实中有这样一个例子：2002 年 12 月，黄某与钟某结婚，婚后双方感情很好。2006 年 10 月 3 日，钟某因车祸死亡。此时，黄某已怀孕 6 个月。在处理丈夫的遗产时，黄某要求为所怀的孩子留一份遗产。但黄某丈夫的父母不同意，说胎儿未出生，没有继承权。结合上述对胎儿继承权的规定，黄某丈夫的父母认为胎儿没有继承权是正确的，但不同意为胎儿保留一定的遗产却是错误的。

第二节 代位继承

1. 继承人丧失继承权后其晚辈直系血亲能否代位继承?

关键词

【代位继承权】

有问必答

在现实生活中，对于继承人丧失继承权的，其晚辈直系血亲能否代位继承，该问题实际上涉及到代位继承权，我们从以下几个方面进行分析：

（一）我国法律关于代位继承权的规定。代位继承是指被继承人的子女先于被继承人死亡的，由晚辈直系血亲代替继承被继承人遗产的一种法定继承方式。我国《继承法》第 11 条规定："被继承人的子女先于被继承人死亡的，由被继承人的子女的晚辈直系血亲代位继承。代位继承人一般只能继承他的父亲或者母亲有权继承的遗产份额。"因此，代位继承是法定继承制度的必要补充，我国法律如此规定的目的在于保障已经先于被继承人死亡的继承人晚辈直系血亲的生活，同时也体现了统一顺序继承人在继承财产上的平等原则。

（二）取得代位继承权的条件。继承人的子女在取得代位继承权时，应当具备以下几个条件，否则不得代位继承：

（1）代位继承的发生必须有被继承人的子女先于被继承人死亡的法律事实。被继承人的其他继承人（如配偶、父母）先于被继承人死亡的，不发生代位继承。被继承人的子女后于被继承人死亡的也不发生代位继承。死亡包括自然死亡和法院宣告死亡。宣告死亡应以人民法院确定判决所宣告的时间为死亡时间。

（2）被代位继承人只限于被继承人的子女及其晚辈直系血亲。被继承人的子女包括：非婚生子女、养子女、有扶养关系的继子女。被继承人的配偶、父母、兄弟姐妹均不得成为被代位继承人。例如，甲为父，乙为子，丙为孙，丁为曾孙，四人系直系血亲关系。乙先于甲死亡，则丙代乙的继承地位而继承甲的遗产；如果乙、丙二人均先于甲死亡，则丁代替丙的继承地位进而代替乙的继承地位而继承甲的遗产。

（3）代位继承人只能取得被代位人应得的继承份额。代位人是代替已死去的父亲或母亲继承祖父母或外祖父母的遗产。因此，无论代位继承人人数多少，只能继承其父亲或母亲应得的那一份遗产。

（4）被代位人必须有继承权，如果被代位人丧失继承权的，其晚辈直系血亲没有代位继承权。最高人民法院《关于贯彻执行＜中华人民共和国继承法＞若干问题的意见》第28条规定："继承人丧失继承权的，其晚辈直系血亲不得代位继承。"

（5）代位继承只适用于法定继承，不适用于遗嘱继承。如果被继承人生前立有遗嘱，无论是否有多少法定继承人还是有代位继承，都得按照遗嘱继承进行。

（6）代位继承人必须是继承开始时已经在世的（包括胎儿）。如果只是有生育指标，还没有怀孕，该指标也不能视为代位继承人；另外，继承开始以后，晚辈直系血亲已经死亡的，也不能成为代位继承人。

现实中有这样一则案例：肖山、肖水是兄弟俩，老二在外地工作，老大和父亲肖某共同生活。老大知道父亲手里有一大笔钱,想占为己有。一次父亲生病，肖山在给父亲熬药时将毒药放入其中，肖某服用了有毒的汤药中毒,后因抢救及时而得救。老大在被公安机关通缉的过程中，投水自杀。肖某得知此事，百感交集，卧病不起，不久便去世。肖水认为大哥已死，自己当然有权继承父亲的全部遗产，但肖山的儿子认为自己也有权利代父亲继承爷爷的遗产。为此，二人产生纠纷，并诉诸法院。法院经审理认为，肖山因争夺遗产而杀人未遂，已丧失继承权，故肖山的儿子也因此丧失了代为继承权。

友情提示

如果代位继承人缺乏劳动能力或没有生活来源，或者对被继承人尽过主要赡养义务，再分配遗产时，可以多分。此外，养子女和有扶养关系的继子女在其父或母先于被继承人死亡时，也有代位继承权。

2. 尽了主要赡养义务丧偶儿媳和丧偶女婿的子女是否仍享有代位继承权?

关键词

【代位继承权的取得】

有问必答

在现实生活中，对于尽了主要赡养义务的丧偶儿媳或丧偶女婿，在成为第一顺序继承人后，其子女是否享有代位继承权。我们从以下几个方面分析：

第一，丧偶儿媳和丧偶女婿的继承权。从继承法中关于法定继承的规定来看，儿媳与公婆之间，女婿与岳父岳母之间并没有血缘关系，姻亲关系也因儿子或女儿的去世而解除。因此，一般情况下，丧偶儿媳对公婆、丧偶女婿与岳父母之间没有法定继承权。但是，当丧偶儿媳对公婆或丧偶女婿对岳父、岳母尽了主要赡养义务的，根据《继承法》第12条的规定，丧偶儿媳对公、婆，丧偶女婿对岳父、岳母，尽了主要赡养义务的，作为第一顺序继承人。所谓尽了主要赡养义务，是指对被继承人生活提供了主要经济来源，或在劳务等方面给予了主要扶助。在这种情况下丧偶儿媳对公婆或丧偶女婿对岳父岳母享有与第一顺序其他继承人相同的继承权。

第二，丧偶儿媳和丧偶女婿子女的代位继承权。取得代位继承权的一个重要因素，是被代位人必须享有继承权，如果被代位人没有继承权的，其晚辈直系血亲也没有代位继承权。在法定继承中，丧偶儿媳或丧偶女婿子女的代位继承权，是基于其母或父在其父或母去世后，仍然对爷爷、奶奶或外公、外婆尽了主要赡养义务而取得的继承权，在其母或父先于爷爷、奶奶或外公、外婆去世的，而取得代位继承权。最高人民法院《关于贯彻执行〈中华人民共和国继承法〉若干问题的意见》第29条规定："丧偶儿媳对公婆、丧偶女婿对岳父、岳母，无论其是否再婚，依继承法第十二条规定作为第一顺序继承人时，不影响其子女代位继承。"

现实中有这样一则案例：董某婚后一直与父母一起生活，董某去世后，董某的妻子和儿子仍与公公婆婆在一起生活，并悉心照料公婆。2003年董某的父亲去世，留下不少遗产，董某还有一弟一妹。他们在律师的指导下，将遗产分成5份，董某的母亲、弟弟、妹妹、妻子、儿子各继承一份。董某的弟弟和妹妹认为，分给嫂子和侄子一份遗产就可以了，给他们两份太多。结合上述分析，我们知道董某的妻子对公婆尽了主要的赡养义务，应作为第一顺序继承人，而董某的儿子分得遗产的原因在于他是代替父亲董某继承遗产。

第三章 遗嘱及遗嘱继承

第一节 遗嘱能力

1. 什么样的人可以订立遗嘱？

关键词

【遗嘱能力】

有问必答

遗嘱是公民按照法律的规定处理自己的财产及安排与此有关的事务并于死亡后发生效力的单方民事行为。立遗嘱的人叫遗嘱人或立遗嘱人；接受遗嘱指定继承遗产的人叫遗嘱继承人。

（一）什么样的人具有遗嘱能力。遗嘱能力是指被继承人生前在法律上享有的具有订立遗嘱、自由处理自己财产的资格。按照我国民法理论，公民的遗嘱能力取决于公民是否具有民事行为能力。换言之，公民必须具有完全民事行为能力才有资格订立遗嘱。我国《民法通则》第 11 条规定："十八周岁以上的公民是成年人，具有完全民事行为能力，可以独立进行民事活动，是完全民事行为能力人。十六周岁以上不满十八周岁的公民，以自己的劳动收入为主要生活来源的，视为完全民事行为能力人。"据此规定，凡是心智健全的、年满 18 周岁的成年人以及年满 16 周岁并以自己的劳动收入作为主要生活来源的公民具有遗嘱能力，可以订立遗嘱。

（二）我国对具备遗嘱能力人的特殊规定。我国确认年满 16 周岁并以自己的劳动收入为主要生活来源的未成年人具有遗嘱能力，是因为他们对自己的行为以及产生的后果有明确的认识能力，而且也能够独立承担民事责任。所以，他们享有对自己所得的财产进行处理的权利。当然，只要他们所立的遗嘱内容合法，他们的遗嘱行为就会产生法律效力，并受我国法律的保护。

我们看这样一个案例：小刚从小失去了父母，和哥嫂生活在一起。因为嫂子对他不是很好，所以小刚在 16 岁时便跟着同村的孤儿范某去广州打工。岂料，刚到广州一年小刚就患了尿毒症，当他得知自己患了不治之症后，遂留下遗嘱：将父母留给他的两间房屋赠给一直照顾他的范某娶媳妇用；1000 块存款留给哥嫂，以谢他们养育之恩。遗嘱订立后三个月，小刚便去世了。当他哥嫂知道遗嘱内容时，认为小刚尚未成年，所立的遗嘱是无效的，他们作为小刚的唯一的法定继承人有权继承其所有遗产。于是，小刚的哥嫂与范某产生纠纷，并向法院提起诉讼。法院审理后，根据《民法通则》第 11 条的规定，以小刚具有遗嘱能力为由，宣告其遗嘱有效。

◎友情提示

我国法律允许年满 16 周岁并以自己的劳动收入为主要生活来源的未成年人可以订立遗嘱，但是未成年人作为遗嘱订立人时，要满足以下两个条件：第一，未成年人能够依靠自己的劳动收入维持自己的生活；第二，遗嘱必须是未成年人自己的真实意思表示。

2. 什么样的人不可以订立遗嘱？

关键词

【无遗嘱能力】

有问必答

在我国订立遗嘱的资格不是每个公民都具有的，可以将公民分为两类：一类是有遗嘱能力的人，即完全民事行为能力人；另一类是无遗嘱能力人。

（一）哪些人属于无遗嘱能力的人。在我国，无遗嘱能力的人是指无行为能力的人或者行为能力受限制的人。主要包括：（1）未成年人。根据年龄不同，又可以将未成年人分为两类：一类是完全无行为能力人，即不满十周岁的儿童、幼儿。毫无疑问，他们不具有遗嘱能力、不能立遗嘱。还有一类是十周岁以上、十八周岁以下，属于限制行为能力人。虽然未成年人可以进行日常生活所需要的某些民事活动，但是由于他们没有完全具备辨别是非、真伪的能力。因此，还不具有订立遗嘱的资格，属于无遗嘱能力人（年满16周岁并以自己的劳动收入作为主要生活来源的未成年人除外）。（2）神智不清，不能辨别自己行为后果的精神病患者。我国《民法通则》第13条将精神病人分别规定为无行为能力人和限制行为能力人。不能辨认自己行为的精神病人，不能进行有意识、有目的的民事活动，无论是否成年均无行为能力。不能完全辨认自己行为的精神病人，是限制民事行为能力人，可以进行与他的精神健康状况相适应的民事活动，但是遗嘱是一种要式民事行为，所以限制精神病患者无遗嘱能力。

（二）无遗嘱能力人订立遗嘱的法律后果。我国《继承法》第22

条规定："无行为能力人或者限制行为能力人所立的遗嘱无效。"最高人民法院《关于贯彻执行〈中华人民共和国继承法〉若干问题的意见》第 41 条规定："遗嘱人立遗嘱时必须有行为能力。无行为能力人所立的遗嘱，即使其本人后来有了行为能力，仍属无效遗嘱。遗嘱人立遗嘱时有行为能力，后来丧失了行为能力，不影响遗嘱的效力。"据此可知，无遗嘱能力人不具有订立遗嘱的条件，其所订立的遗嘱是无效的。

（三）精神病患者在其精神恢复常态时，具有遗嘱能力。根据最高人民法院《关于贯彻执行〈中华人民共和国民法通则〉若干问题的意见（试行）》第 67 条的规定，间歇性精神病人在发病期间实施的民事行为应当认定为无效。但是，没有被人民法院宣告为无行为能力的间歇性精神病人，在他精神正常的时候，应当认为具有行为能力，所立的遗嘱也应当有效。不过，由于间歇性精神病人的情况复杂，往往难以判断他在什么时候精神正常，什么时候精神不正常，所立的遗嘱到底是否有效，为了避免在继承开始后发生这种不必要的麻烦，我们建议遗嘱人在立遗嘱时可以经过公证机关证明，或者取得医疗机构的证明，以此证明自己在立遗嘱时精神正常、神智清楚、具备民事行为能力。

我们来看这样一个案例：尚女士已婚，今年 45 岁，间歇性精神病患者。其丈夫长年在外地打工。尚女士与其子和弟弟、弟媳居住在一起。尚女士经常犯病，丈夫又不在家，于是看护、照顾尚女士的责任就落在弟弟和弟媳身上。尚女士对此非常感激，就亲手写了一份遗嘱，将自己全部首饰及两间砖瓦房赠与弟弟、弟媳。随后，尚女士在夜间吞服大量安眠药自杀身亡。尚女士的丈夫与其弟弟、弟媳就遗嘱的有效性发生了争议，并起诉到法院。法院经审理认为，该遗嘱系尚女士在发病期间作出的，因此判决该遗嘱无效。

友情提示

农村的间歇性精神病人在其精神正常情况下立遗嘱的，可以请当地的村委会主任或其他无利害关系人作为见证人，其人数不得少于两人。

3. 盲、聋、哑人是否可以订立遗嘱？

关键词

【遗嘱能力】

有问必答

公民按照自己的意愿立下遗嘱，处理自己遗留的财产，是我国法律赋予公民的一项民事权利。即使公民是聋、哑、或盲人，只要其具有完全的民事行为能力，就可以订立遗嘱，不能因为他们是聋、哑、或盲人与正常人有所区别，就剥夺或限制他们订立遗嘱的权利。但是，这并不是绝对的，《继承法》第22条第1款规定："无行为能力人或者限制行为能力人所立的遗嘱无效。"所以，只有具备完全民事行为能力的聋、哑、盲人才可以订立遗嘱。

（一）盲、聋、哑人是否具有遗嘱能力。我国法律一贯特别强调保障残疾人的合法权益，对他们的遗嘱能力的确认当然也不例外。根据我国《民法通则》第11条第1款的规定："年满18周岁以上的成年人，只要精神正常，具有完全民事行为能力，可以独立进行民事活动，是完全民事行为能力人，就可以订立遗嘱。"所以，聋、哑、或盲人也是如此，只要其心理、智力状况正常，具有完全民事行为能力，是可以订立遗嘱的。

我们看生活中这样一则案例：司某早年丧夫，膝下无子，是聋哑人，因为有一手剪纸的绝活而攒有存款8万元。邻居潘某经常帮助司某，这一帮就是几十年。司某心存愧疚，感觉自己已经老了，想把自己的8万块钱存款在死后留给潘某。于是，她找来村委主任帮忙立遗嘱，村委主任说她是聋、哑人不知道可不可以立遗嘱，建议她去乡里咨询一下。最后，在乡干部的陪同下，司某到公证处办了公证遗嘱，把自己的8万元存款遗赠给潘某。

（二）盲、聋、哑人可以通过什么方式订立遗嘱。我国法律尽可能的为盲聋哑等残疾人能够充分行使订立遗嘱的权利而提供方便。盲聋哑等残疾人可以通过以下方式订立遗嘱：（1）盲人，可以立录音遗嘱。（2）聋人，可以立自书（盲文）、代书、录音遗嘱。（3）哑人可以立自书遗嘱，或者通过懂得哑语的见证人来立代书遗嘱，或者通过哑语进行录像的录像遗嘱。（4）盲、聋、哑人也可以去公证机关立公证遗嘱。（5）在危急情况下，盲、聋、哑人还可以立口头遗嘱，哑人可以通过两个懂得哑语的见证人进行。因此，聋、哑、或盲人无论采用上述那种方式订立遗嘱，都必须有两个以上与自己无利害关系的见证人在场。

友情提示

对于生活中，一些不识字的又聋又哑的人要想立遗嘱的，我国法律规定可以请人代书。遗嘱人必须找两个以上懂得哑语的见证人在场见证，由其中一个代笔记下遗嘱人口述的内容，并签字，注明年、月、日后，再由代书人、其他见证人和遗嘱人签名。

4. 决定公民有无遗嘱能力应以什么时间为准?

关键词

【确定遗嘱能力的时间标准】

有问必答

我们知道，一个公民患有精神病而丧失民事行为能力不是固定不变的。当他的精神病已经痊愈，精神恢复到正常状态时，就会恢复他进行民事活动的能力，即能够以自己的行为享有民事权利，承担民事义务。对于遗嘱人是否具有遗嘱能力，直接影响遗嘱的法律效力，以下我们就上述问题进行分析：

（一）确定遗嘱能力的时间标准。决定遗嘱人有无能力的时间标准，在我国的司法实践中认为是立遗嘱时为准。换言之，遗嘱成立的时间必须是立遗嘱人有遗嘱能力的时间；遗嘱人订立时具有遗嘱能力，该遗嘱才有效力。最高人民法院《关于贯彻执行＜中华人民共和国继承法＞若干问题的意见》第41条规定:“遗嘱人立遗嘱时必须有行为能力。无行为能力人所立的遗嘱，即使其本人后来有了行为能力，仍属无效遗嘱。遗嘱人立遗嘱时有行为能力，后来丧失了行为能力，不影响遗嘱的效力。”因此，遗嘱人所立的遗嘱是否有效关键在于遗嘱人立遗嘱时是否具有完全民事行为能力。

（二）间歇性精神病人或精神已恢复正常的人应怎样确定遗嘱能力的时间。如果被宣告无行为能力人或限制行为能力人的精神病患者，精神已经恢复正常的，虽然法院尚未撤消对其所作的无行为能力或限制行为能力的宣告，但是，只要在其立遗嘱时，有医生或其他无利害关系人在场并证明其精神已恢复正常，则此时就是有遗嘱能力。法院撤消对无行为能力或限制行为能力的宣告后所立遗嘱的，则立遗嘱的时候就具有遗嘱能力。

生活中有这样一个案例：韩某家在农村，因为受刺激得了精神病，被儿女送到了外省的精神病医院进行治疗。经过住院治疗，韩某精神恢复正常。由于农忙，儿女没来得及接韩某回去，结果韩某在外行走时，遭遇车祸死亡，临死时，在医生面前立下遗嘱：家传古董捐献给国家，剩下的家产几个儿女平均分配。韩某儿女知道后，对遗嘱不服，起诉到法院要求认定遗嘱无效。结果法院审理后，判定韩某具有遗嘱能力，所立遗嘱有效。

友情提示

我国立法工作一贯奉行实事求是精神，精神病患者在神志恢复正常后，如果仍不恢复其遗嘱能力就会认为是不公平的。因此，只要能够充分证明精神病人在立遗嘱时，精神已恢复正常，法院就认定其所立遗嘱具有遗嘱能力。

第二节 遗嘱代书人、见证人资格的要件

1. 哪些人可以见证遗嘱的订立？

关键词

【遗嘱见证人】

有问必答

根据《继承法》第 17 条的规定，代书遗嘱，录音遗嘱、口头遗嘱都必须有两个以上的见证人在场见证。遗嘱见证人是证明遗嘱真实性

的第三人。因为遗嘱见证人证明的真伪直接关系着遗嘱的效力，关系到对遗产的处置。因此，遗嘱见证人必须是能够客观公正地证明遗嘱真实性的人。

（一）哪些人可以作为见证人。在我国作为见证人必须具备下列条件：（1）遗嘱的见证人应当是具有完全民事行为能力的人。（2）遗嘱见证人必须是与继承遗产无利害关系的人。据此，只要完全行为能力人具备以上要件都可以作为遗嘱见证人。

（二）哪些人不可以作为遗嘱见证人。根据我国《继承法》第 18 条的规定，下列人员不能作为遗嘱见证人，其证明不能起到见证的效力：（一）无行为能力人、限制行为能力人；（二）继承人、受遗赠人；（三）与继承人、受遗赠人有利害关系的人。因为上述人员难以保证其证明的客观性、真实性，因而不能作为遗嘱的见证人。

生活中有这样一则案例：梁某因继承纠纷，在向法院提起诉讼时，向法院提交了一份遗嘱作为证据。这份遗嘱是梁某父亲生前口述，由他人代书，梁某母亲见证的。但是法院认定，因立口头遗嘱时，见证人与继承人有利害关系，所以遗嘱无效。梁某顿时傻了，过后才知道，立口头遗嘱时必须有两个见证人，并且见证人除具备民事行为能力外还不得与自己有利害关系。

友情提示

遗嘱人在立遗嘱时，除了对所立遗嘱内容是出于本人的真实意思表示外，还应当有两人以上具有完全民事行为能力并与自己无利害关系的人在场予以证明。切记，在立遗嘱时，如果让自己的亲属在场见证，该遗嘱是无效的。

第三节 遗嘱的方式

1. 遗嘱人可以通过哪些方式订立遗嘱?

关键词

【遗嘱的形式】

有问必答

遗嘱是遗嘱人以死后发生效力为目的的意思表示，是要求的法律行为，非依法定的方式不得成立。也就是说，只有在不违反法律规定的方式所订立的遗嘱，才具有法律效力。

（一）我国法律规定遗嘱的法定形式。遗嘱的形式，是指立遗嘱人表达自己处分其财产的意思方式。**根据我国《继承法》第 17 条的规定，遗嘱的法定形式有以下五种：（1）公证遗嘱。**公证遗嘱是指经公证机关公证的遗嘱。公证遗嘱是方式最为严格的遗嘱，是证明遗嘱人处分财产的意思表示的最有力的和最可靠的证据。（2）**自书遗嘱**，是指由遗嘱人亲笔书写、签名，注明年、月、日的遗嘱。（3）**代书遗嘱**，是由他人代为书写的遗嘱。代书遗嘱应当有两个以上见证人在场见证，由其中一人代书，注明年、月、日，并由代书人、其他见证人和遗嘱人签名。（4）**录音遗嘱**，是指以录音方式录制下来的遗嘱人口述的遗嘱。录音遗嘱应当有两个以上见证人在场见证,将记载遗嘱的磁带封存，并由见证人共同签字，注明年、月、日。（5）**口头遗嘱**，遗嘱人在危急情况下,可以立口头遗嘱。口头遗嘱应当有两个以上见证人在场见证。危急情况解除后，遗嘱人能够用书面或者录音形式立遗嘱的，所立的口头遗嘱无效。

（二）遗嘱人订立多份遗嘱，继承人到底该依哪份遗嘱为准。遗嘱人订立多份遗嘱是法律所允许的，其关键就在这多份遗嘱应该依哪一份来执行。这主要看这多份遗嘱中的内容有无矛盾和抵触。如果遗嘱人订立的多份遗嘱无矛盾和抵触的地方，则法律承认每份的效力；而当多份遗嘱内容相互矛盾和抵触时，法律只认可其中的一份。最高人民法院《关于贯彻执行〈中华人民共和国继承法〉若干问题的意见》第42条规定："遗嘱人以不同形式立有数份内容相抵触的遗嘱，其中有公证遗嘱的，以最后所立公证遗嘱为准；没有公证遗嘱的，以最后所立的遗嘱为准。"由此可见，公证遗嘱的效力是最高的，无论公证遗嘱的内容与其他几份遗嘱的内容有何不同，都以公证遗嘱为准；其次，如果遗嘱人所立的数份遗嘱中没有公证遗嘱时，则认定最后所立的遗嘱具有最终的效力，按该遗嘱执行。

看这样一个案例：某村李某有多个子女，为此他常担心自己去世后，子女会为分割遗产而伤和气，于是他开始琢磨立遗嘱。由于田里活儿比较忙，就断断续续立了3份遗嘱。第一份遗嘱，他把自己的全部家产留给了老伴，并对其做了公证；第二份，他看到孙子学习特别好，就用自书的方式把存款2万元留给孙子上大学用；第三份遗嘱是李某当着村里人的面说，把拖拉机捐给村里。结果，李某死后，李某的妻子与村委会和子女为这几份遗嘱打起了官司。法院根据最高人民法院《关于贯彻执行〈中华人民共和国继承法〉若干问题的意见》第42条的规定，判决公证遗嘱有效。

友情提示

遗嘱人订立公证遗嘱时，必须亲自携带自己的身份证、户口本到户籍所在地或者主要财产所在地的公证机关申请办理，不能委托他人代理。自书遗嘱的，遗嘱人必须亲自书写遗嘱全文，书写时所用的材料不限，只要符合书面遗嘱的形式要求即可。录音遗嘱制作完毕以后，一定要将录音遗嘱的磁带封存，并在封面上由遗嘱人、见证人签名，注明年、月、日，然后由遗嘱人交给见证人保管。

2. 遗嘱人如何订立口头遗嘱？

关键词

【口头遗嘱】

有问必答

口头遗嘱，是指由遗嘱人口头表述的而不以任何方式记载的遗嘱。口头遗嘱简便易行，但是遗嘱的内容完全靠见证人表述证明，容易发生纠纷。

（一）口头遗嘱应具备的条件。我国继承法对口头遗嘱作了较为严格的规定。《继承法》第17条第5款规定：“遗嘱人在危急情况下，可以立口头遗嘱。口头遗嘱应当有两个以上见证人在场见证。”从该条可以看出，口头遗嘱必须具备以下条件：（1）是遗嘱人处于生命垂危或者其他紧急情况下，不能采取其他方式设立遗嘱时，才可以订立口头遗嘱；（2）所谓不能以其他方式订立遗嘱是指以自书、代书、公证等方式订立遗嘱；（3）订立口头遗嘱必须有两个以上的与遗产继承无利害关系的见证人在场见证，有一个见证人或者没有见证人作出的遗嘱是无效的。

（二）订立口头遗嘱的程序。遗嘱人处于危急情况下设立口头遗嘱的，至少要有两个以上的与遗嘱人无利害关系的见证人在场见证。见证人应将遗嘱人口授的遗嘱记录下来，并由记录人、其他见证人签名，注明年、月、日；见证人无法当场记录的，应于事后追记、补记遗嘱人口授的遗嘱内容，并于记录上共同签名，并注明年、月、日，以保证见证内容的真实、可靠。由于口授遗嘱是在遗嘱人处于危急情况下订立的，因此不要求遗嘱人同时签名。这是口授遗嘱不同于其他遗嘱之处。

（三）口头遗嘱的法律效力。口头遗嘱在遗嘱人死亡后，其法律效力与其他形式的遗嘱相同。但是，如果遗嘱人的危急情况解除，遗嘱人能够采用其他方式订立遗嘱的，不管遗嘱人是否另立遗嘱，口头遗嘱都失去法律效力。

（四）危急情况解除后，口头遗嘱的效力。所谓的危急情况，一般指遗嘱人生命垂危、在战争中或者发生意外灾害，随时都有生命危险，而来不及或无条件设立其他形式遗嘱的情况。《继承法》第 17 条第 5 款规定："危急情况解除后，遗嘱人能够用书面或者录音形式立遗嘱的，所立的口头遗嘱无效。"这也是说，危机情况解除后，遗嘱人在危急情况期间所立的口头遗嘱便失去了法律效力，即使遗嘱人没有采取其它方式立遗嘱，这份口头遗嘱也不发生效力。

我们看生活中这样一个案例：姜军与姜蕾是兄妹俩，其父亲姜在桂不幸中风，危在旦夕。在此情况下，姜在桂当着村里人的面立下口头遗嘱，说房子与拖拉机留给儿子，果园与池塘留给女儿继承。但是经过紧急抢救，姜在桂的病好了，并且健康地活了好多年。在姜在桂去世后，姜军与姜蕾开始为父亲多年前立的口头遗嘱如何履行，发生争执，并诉诸法院。法院经审查后根据《继承法》第 17 条的规定，认定该口头遗嘱无效。兄妹俩这才知道，危急情况下立的口头遗嘱，一经危急情况解除后，便失去了效力。

友情提示

遗嘱人只有处在生命垂危或者其他紧急情况下，来不及订立自书遗嘱、代书遗嘱、公证遗嘱、录音遗嘱时，才可以订立口头遗嘱。在通常情况下，法律是不允许订立口头遗嘱的。并且，在订立口头遗嘱时，仅有一个见证人在场，其所做的口头遗嘱也是无效的，因为一个见证人的作证，容易发生伪造、虚假等弊端。

3. 遗嘱人可以请别人代为书写遗嘱吗？

关键词

【代书遗嘱】

有问必答

在遗嘱人不识字或识字不多，或者由于其他原因而不能亲笔书写遗嘱的情况下，遗嘱人可以请求别人代为书写遗嘱，订立代书遗嘱。

（一）哪些人可以作为遗嘱代书人。代书遗嘱是由遗嘱人口述遗嘱内容，他人代为书写制作书面的遗嘱。代为书写遗嘱的人叫遗嘱代书人。我国《继承法》第18条规定："下列人员不能作为遗嘱见证人:(一)无行为能力人、限制行为能力人；(二)继承人、受遗赠人；(三)与继承人、受遗赠人有利害关系的人。"其次，最高人民法院《关于贯彻执行〈中华人民共和国继承法〉若干问题的意见》第36条规定："继承人、受遗赠人的债权人、债务人，共同经营的合伙人，也应当视为与继承人、受遗赠人有利害关系，不能作为遗嘱的见证人。"因此，除了上述法律规定不能作为遗嘱代书人以外的其他人都可以作为遗嘱代书人。

我们看生活中这样一则案例：方某听父亲说要找人立遗嘱，并且还需要找个遗嘱见证人,就叫来当村长的妻哥。方某的父亲口述遗嘱内容,由方某的妻哥作为见证人和代书人,又找邻居共同作为见证人订立了一份遗嘱。在遗嘱中,其父把大量的财产留给了方某。方某的父亲去世后,方某与两个兄妹因分遗产发生了纠纷,其兄妹不承认父亲所立的代书遗嘱的效力,于是诉至法院。法院在审理过程中发现,方某的父亲在订立代书遗嘱时,见证人之一是方某的妻哥,因此认定该份代书遗嘱不符合《继承法》第18条规定,宣告其为无效遗嘱。

(二)订立代书遗嘱应具备哪些条件。订立代书遗嘱必须具备以下要件:(1)要有两人以上的见证人作证,其中一人代笔书写;(2)必须是遗嘱人口述遗嘱的真实内容;(3)代书人书写完遗嘱内容须记明代书人姓名;(4)代书的时间、地点必须记明;(5)必须有见证人签名;(6)必须有遗嘱人签名或按手印。如果所立的代书遗嘱不具备上述条件,而又不能证明该条件的真实性,则该遗嘱没有法律效力。

(三)订立代书遗嘱的程序。代书遗嘱的订立需要有两个以上的人作为见证人。首先,遗嘱人口述遗嘱内容,由一个见证人记录,然后由见证人将代笔书写好的遗嘱全文念给遗嘱人听,经遗嘱人听清并表示认可后,再在代书遗嘱上注明遗嘱订立的年、月、日和地点,并记代书人的姓名。最后由遗嘱人签名或按手印,代书人、见证人签名。

友情提示

如果代书遗嘱的遗嘱人本人不会写字,或者因身体原因不能写字,遗嘱人则可以在代书人写好的遗嘱上按指印代替签名。

第四节 必要的遗产份额

1. 未给缺乏劳动能力又没有生活来源的继承人留有必要遗产的遗嘱有效吗？

关键词

【遗嘱的效力】

有问必答

上述问题涉及到我国《继承法》第 19 条的规定，即遗嘱人在遗嘱中没有保留必要遗产份额，遗嘱的效力该如何确定。

（一）我国对遗产必留份额的规定。我国法律虽然保护立遗嘱人对自己财产的自由处分权，但是在一些特殊情况下，立遗嘱人处分财产的自由会受到法律的限制。我国《继承法》第 19 条规定：“遗嘱应当对缺乏劳动能力又没有生活来源的继承人保留必要的遗产份额。”为了更好地贯彻该条的规定，最高人民法院《关于贯彻执行＜中华人民共和国继承法＞若干问题的意见》第 37 条第 1 款规定：“遗嘱人未保留缺乏劳动能力又没有生活来源的继承人的遗产份额，遗产处理时，应当为该继承人留下必要的遗产，所剩余的部分，才可参照遗嘱确定的分配原则处理。”因此，根据养老育幼的原则，应当为缺乏劳动能力又没有生活来源的继承人保留必要的财产份额，即使在遗嘱中没有保留，在分割财产时也应当给予分配一定的财产，以保障其基本的生活。

（二）哪些人可以依照《继承法》享有遗产必留份额。我国《继承法》对于必留份额权利人的范围没有作列举式的明确规定，而只是规定了享有必留份额的资格条件，凡是符合这一条件的就享有必留份额，成为必留份额权利人。具体来说，包括以下几点：（1）必留份额权利人必须是法定继承人，即必须是根据《继承法》的规定直接取得继承权资格的人。例如，配偶、子女、父母、兄弟姐妹等。（2）享有必留份额权利的法定继承人必须是缺乏劳动能力而又没有生活来源的人。（3）缺乏劳动能力而又无生活来源的法定继承人必须没有丧失继承权或放弃继承的事由。据此，只要具备上述条件就可以享有遗产必留份额。

我们看生活中这样一个案例：金某一直与儿子林某生活在一起，与儿媳妇相处得并不融洽。今年年初，林某在农田里干活时，突发脑溢血住进了医院。林某在妻子的说服下立了一份遗嘱，声明其财产全部由其妻继承。林某经治疗无效后去世，其妻继承了全部遗产，致使金某的生活一下子陷入困境。无奈之下，金某把儿媳妇告上法院。法院受理后经审查认为，金某缺乏劳动能力又没有生活来源，而林某在遗嘱中又没有为其保留必留份额，因此宣告林某所立的遗嘱无效。

（三）确认涉及处分必留份额遗产的部分无效后，遗嘱的其他部分是否有效。遗嘱人未按照法律规定，对特定继承人保留必要的继承份额，应当确认涉及处分必留份额遗产的部分无效，而遗嘱的其他部分根据最高人民法院《关于贯彻执行＜中华人民共和国继承法＞若干问题的意见》第37条的规定仍然有效。

友情提示

我国人口正逐步向老龄化发展，将会有越来越多人因年龄的增长而丧失劳动能力。为了使他们的生活得到保障，遗嘱人在立遗嘱时一定要考虑到自己家庭中是否有这样的成员存在。也要考虑到没有劳动能力的成员，继承的遗产是否能够维持基本生活。

2. 取消未满 16 周岁子女继承权的遗嘱是否有效？

关键词

【遗产必留份额】

有问必答

我国《继承法》第 19 条规定："遗嘱应当对缺乏劳动能力又没有生活来源的继承人保留必要的遗产份额。"从该条可以看出，必留的遗产份额是我国继承法为保护缺乏劳动能力又没有生活来源的法定继承人的利益而设置的遗产份额，也是贯彻养老育幼原则的一个具体体现。

（一）未成年子女是否享有遗产必留份额。确认继承人享有遗产必留份额须具备"缺乏劳动能力"和"没有生活来源"这两个条件，只要未成年人不具备或不完全具备劳动能力，客观上又不具有独立维持个人最底物质生活水平的经济条件，就可以认为该未成年子女应享有遗产必留份额。

（二）在继承开始时该子女已成年，该遗嘱是否有效。最高人民法院《关于贯彻执行〈中华人民共和国继承法〉若干问题的意见》第 37 条第 2 款规定："继承人是否缺乏劳动能力又没有生活来源，应按遗嘱生效时该继承人的具体情况确定。"如果遗嘱人在订立遗嘱时，虽取消或者减少了为未成年子女保留的必要份额，但当遗嘱人死亡，遗嘱生效时，该未成年子女已经长大成人，并有了独立生活能力，则遗嘱中涉及对当时未成年子女继承份额的部分就是有效的，无需为之保留。相反，当遗嘱人在死亡时，该未成年子女虽已长大但丧失了劳动能力，又无生活来源，则遗嘱人所立的遗嘱涉及该未成年子女的部分无效，该子女应当享有一定份额的遗产。

我们来看生活中这样一则案例：黄某与陈某因感情不和离婚，女儿小丽跟随母亲陈某生活。离婚后，黄某因病住进医院，在住院期间立下一份书面遗嘱，但遗嘱中唯独没有给16岁的小丽分配自己的任何财产。两年后，黄某去世，在按照遗嘱进行财产分割时，小丽要求分割一定数额的财产。小丽提出这一主张的原因是，黄某在立遗嘱时，自己尚未成年，法律规定应当为缺乏劳动能力又没有生活来源的继承人留有必要的遗产份额，但是其他人不同意。于是，小丽去咨询律师，律师告诉她，虽然黄某立遗嘱时小丽尚未成年，但黄某去世遗嘱开始生效时，其已成年，并能够独立生活，且有生活来源。因此小丽不享有必要遗产份额。

友情提示

需要注意的是，未成年人是指18周岁以下的公民，但是不包括16周岁以上，18周岁以下能够以自己劳动收入为主要生活来源的公民。

第五节 遗嘱的变更与撤销

1. 遗嘱人是否可以变更自己立下的遗嘱？

关键词

【遗嘱的变更】

有问必答

我国公民不仅可以自由地订立遗嘱，处分自己的财产，而且还可以在遗嘱发生效力前，随时随地变更或撤销自己所立的遗嘱。

第一，我国法律对遗嘱的变更、撤销的规定。遗嘱的变更，是指遗嘱人在遗嘱订立后依法变动、更改原立遗嘱部分内容的单方要式法律行为。遗嘱的撤销，是遗嘱人在遗嘱订立后取消了原来所立的遗嘱。我国《继承法》第20条第1款规定："遗嘱人可以撤销、变更自己所立的遗嘱。"但是，由于遗嘱具有改变继承人的范围、继承人的顺序和遗产继承份额的效力。为了保证遗嘱的严肃性，变更遗嘱也应遵循与订立遗嘱时基本相同的法律要求。

第二，遗嘱人变更、撤消遗嘱应当具备的要件。遗嘱的变更和撤销与遗嘱的订立一样，必须具备一定的要件才发生遗嘱变更的法律效力。这些要件包括：(1)遗嘱人变更和撤销遗嘱时，必须有完全的民事行为能力。(2)遗嘱的变更和撤销，必须出于遗嘱人真实的意思表示。(3)遗嘱的变更和撤销，不得剥夺缺乏劳动能力而又没有生活来源的继承人的必留份额。(4)遗嘱的变更和撤销必须由遗嘱人亲自依照法定的方式和程序进行。

第三，遗嘱人变更、撤销遗嘱的程序。遗嘱人变更和撤销遗嘱，必须由遗嘱人亲历亲为，不允许委托他人代理。遗嘱人可以采取书面或其他形式，向订立原遗嘱的公证机关、代书人、见证人等，声明原遗嘱已被变更或撤销，声明的方式应当符合法律的规定。我国法律规定了五种遗嘱方式，即自书遗嘱、代书遗嘱、口头遗嘱、录音遗嘱和，根据《继承法》第20条关于"自书、代书、录音、口头遗嘱，不得撤销、变更公证遗嘱"的规定，前四种遗嘱形式可以相互变更或撤销，唯独以公证的方式所立的遗嘱，必须再以公证的方式变更和撤销才能产生变更或撤销的效力，而不能通过前四种方式变更或撤销。

在生活中有这样一则案例：钱某年事已高，几年前便立下书面遗嘱：把祖传的一件古董留给女儿，房子和播种机留给儿子。可是，今年上半年女儿因与女婿吵架而喝农药自杀了，于是钱某想改变遗嘱，他找来村委主任代书并由邻居见证，立下了一份代书遗嘱：房子和播种机继续给儿子，古董以女儿的名义捐献给国家。钱某去世后，其女婿拿着书面遗嘱向其子要古董。其子认为该书面协议被代书协议取代已失去了效力，但是钱某的女婿认为，遗嘱订立后，遗嘱人是不能再对其进行更改的。于是双方诉诸法院。法院审理后认定，钱某有更改遗嘱的权利，该自书遗嘱被代书遗嘱更改后已失去法律效力，钱某的女婿无权再主张继承该古董。

第四，遗嘱变更、撤销的后果。遗嘱人变更、撤销遗嘱均是遗嘱人的意思表示，是对原意思表示的否认，因而原遗嘱失去效力。变更或部分撤销后的遗嘱和新立的遗嘱作为遗嘱人真实的意思表示，具有法律效力。遗嘱人将其遗嘱全部撤销，而没有再设立新遗嘱的，则应视为遗嘱人未立遗嘱，其遗产按法定继承的程序处理。

友情提示

遗嘱人在生存期间，无论何时、何地都可以撤销、变更遗嘱。遗嘱的变更与撤销，必须由遗嘱人自己行使，国家、集体组织或其他人都不可以代为行使这项权利。

2. 在分割遗产时有几份内容各不相同的遗嘱应以哪份为准？

关键词

【遗嘱的推定】

有问必答

在现实生活中，有时会出现这种情况，在遗产分割时，几个继承人分别拿出内容不同遗嘱，都主张按自己手中的遗嘱内容进行财产分割。这时，遗嘱人已经死亡，不可能再让他来鉴别遗嘱的真伪。因此，我国在司法实践中，通常用推定的方法来确定这些遗嘱的效力。

（一）遗嘱人立有数份遗嘱，并且内容相互冲突，推定为变更、撤销遗嘱。《继承法》第20条第2款、第3款规定：“立有数份遗嘱，内容相抵触的，以最后的遗嘱为准。自书、代书、录音、口头遗嘱，不得撤销、变更公证遗嘱。”如果遗嘱人立有数份遗嘱，每份遗嘱的内容都不相同，则遗嘱人所立的每份遗嘱都有效；如果遗嘱人所立的数份遗嘱，其内容有相同的地方，则就其抵触部分以最后所立的遗嘱为准；如果遗嘱人所立遗嘱的形式有多样，其中有公证遗嘱的，以公证遗嘱的内容为准，公证遗嘱没有处分的遗产则按照法定继承处理。如果有数份公证遗嘱的，以最后的公证遗嘱为准。

（二）遗嘱人生前的行为与遗嘱内容相抵触的，推定变更、撤销原来所立的遗嘱。最高人民法院《关于贯彻执行〈中华人民共和国继承法〉若干问题的意见》第39条规定：“遗嘱人生前的行为与遗嘱的意思表示相反，而使遗嘱处分的财产在继承开始前灭失，部分灭失或所有权转移、部分转移的，遗嘱视为被撤销或部分被撤销。”例如，遗嘱人生前的行为与遗嘱的内容正好相反，从而使遗嘱处分的财产在继承开始前毁损或者所有权转移的，遗嘱视为撤销或者涉及该财产的那一部分遗嘱撤销。如果不是遗嘱人自己所作的行为，即使这种行为与遗嘱相抵触，其抵触部分不得视为撤销。遗嘱人在立遗嘱后所作的行为，如果仅属于限制所有权的行使，其遗嘱不得视为撤销。

（三）遗嘱人同时立有数份遗嘱并且内容相抵触，推定遗嘱人是以后一遗嘱撤销前一遗嘱，以最后的遗嘱为准。如果立有的数份遗嘱的形式不同，其中又有公证遗嘱的，则应以最后的公证遗嘱为准，因为其他形式的遗嘱不能变更、撤销公证遗嘱。

例如生活中这样一个案例：张某是农村中的致富能手，建有一栋楼房。两个儿子结婚后还向他要钱。无奈之下他立下两份遗嘱，甲遗嘱中写到该栋楼房归大儿子所有，乙遗嘱中写到归小儿子。张某去世后，两个儿子都拿着遗嘱说该栋楼房是属于自己的。在互不相让的情况下，诉诸法院。法院审理后，通过遗嘱变更和撤销的推定形式，判定张某的楼房按法定继承处理。

（四）遗嘱人故意销毁遗嘱的，应推定遗嘱已被撤销。遗嘱于继承开始时，才发生效力，但在遗嘱生效前，遗嘱人故意将其所立的遗嘱销毁的，通常应推定遗嘱人所立的遗嘱被撤销，在继承开始时，按法定继承进行财产分割。但是，公证遗嘱具有证明效力不因遗嘱人销毁了遗嘱公证书就失去效力。

友情提示

亲情之间血浓于水，千万不要在分割遗产时，为区区家财伤了和气。家庭成员在分割遗产时，要以和为贵，以法为准，切记“家和万事兴”！

3. 对于夫妻共同订立的遗嘱一方是否可以改变遗嘱内容？

关键词

【共同遗嘱】

有问必答

在现实生活中，随着人们生活水平的提高，夫妻双方共同订立遗嘱的情况也越来越多。夫妻共同遗嘱在我国现行法律上并没有明文规定，但在实践中，只要夫妻之间经过协商，对夫妻共同财产达成一致意见，就可以通过**共同遗嘱**的方式处分其共同财产。

（一）夫妻共同遗嘱的类型。夫妻共同遗嘱，是指夫妻之间将其共同的一致的意思通过同一个遗嘱表示出来，形成一个内容相同或相互关联的整体遗嘱。就目前来看，夫妻共同遗嘱的类型主要有以下三种：（1）单纯的夫妻共同遗嘱类型。即夫妻双方在同一个遗嘱中指定他们的继承人中的某一人或数人继承遗产。如夫妻两人生前协商将共同财产以遗嘱形式指定由他们的儿子继承三分之一，女儿继承三分之二。（2）相互的夫妻共同遗嘱类型。即夫妻互相指定对方继承自己财产的共同遗嘱。如夫妻在一份遗嘱书中，各自指定对方为自己的遗产继承人，如果丈夫先于妻子去世，则丈夫的遗产全部由妻子继承；若妻子先于丈夫死亡，则妻子的全部遗产归丈夫继承。（3）夫妻共同为某个继承人立遗嘱的类型。即夫妻的遗产首先由生存一方继承，等到双方都死后，他们的共同财产再由指定的继承人继承。

（二）夫妻共同遗嘱的特殊性。夫妻共同遗嘱的订立是基于夫妻双方的共同意思表示，遗产处分的对象是夫妻共同财产。因此，其不同于一般的遗嘱，主要表现在：（1）夫妻共同遗嘱是夫妻双方共同的法律行为，需要双方的意愿达成一致才能成立。不像一般遗嘱那样，仅需遗嘱人自己的真实意思表示即可。（2）夫妻共同遗嘱的生效时间具有特殊性。夫妻一般不可能同时死亡，夫妻一方死亡后，只导致死者财产的部分发生法律效力，而对生者财产的部分不生效，或者根本不导致遗嘱发生法律效力，只有双方都死亡的，遗嘱才能全部生效。这不同于一般遗嘱，在遗嘱人死亡时，即遗嘱开始生效。

（三）共同遗嘱的一方死亡，另一方可以变更、撤销遗嘱。我国《继承法》第 20 条第 1 款规定："遗嘱人可以撤销、变更自己所立的遗嘱。"虽然共同遗嘱具有特殊性，但是共同遗嘱并不能限制生存一方变更或撤销共同遗嘱中属于自己财产的那部分份额。因为尽管夫妻共同遗嘱是双方意思达成一致的结果，但是任意一方对自己财产的所有权并没有因此而丧失，我国《民法通则》第 71 条规定："财产所有权是指所有人依法对自己的财产享有占有、使用、收益和处分的权利。"所以，夫妻所签定的共同遗嘱不能限制他们对自己个人财产的处分权，在一方去世后，另一方可以对共同遗嘱中属于自己财产的那部分份额进行撤销、变更。

我们看生活中这样一则案例：肖某与赵某系夫妻关系，由于年纪已大，儿子又不孝顺，他们怕一方先去世后，儿子不管另一方。于是，夫妻二人合立了一份共同遗嘱，在遗嘱中，他们把所有财产平均分为两部分，如果一方先去世，死亡一方的那部分财产由另一方继承；直到另一方也去世，他们的财产才由儿子继承。不久，肖某去世，赵某继承了肖某的财产。肖某的侄子看到老人无人照顾，就把赵某接回自己的家，照顾赵某的饮食起居。赵某很感动，于是她就当着乡亲们的面，把曾经和老伴共同设立过的遗嘱中属于自己那部分的财产改由侄子继承。其子知道后很是恼火，遂与赵某发生争执，并诉诸法院。法院审理后认为，赵某有权更改遗嘱，但只能更改属于自己财产中的那部分份额，而无权更改肖某那部分遗产。因此，判定赵某对共同遗嘱中属于自己财产部分的处理，具有法律效力，其他部分应按原遗嘱进行继承。

友情提示

这里要提醒大家，夫妻一方要变更、撤消共同遗嘱，必须首先对另一方的遗产进行分割，并且只能处分属于自己财产中的那部分，不能处分另一方遗产。另外，鉴于共同遗嘱容易带来一些不必要的麻烦，在一般情况下，建议大家最好不要订立共同遗嘱。

第六节 遗嘱的效力

1. 遗嘱在什么时候才能发生法律效力?

关键词

【遗嘱的生效时间】

有问必答

遗嘱并不因遗嘱人订立后就立即生效，是有一定的时间限制的。即使是遗嘱人订立遗嘱后就死亡的，该遗嘱也不一定生效，要视具体情况而定。

（一）决定遗嘱发生法律效力的时间。由于遗嘱是遗嘱人按照法律规定的方式处分遗产或其他事务，并于遗嘱人死亡后才发生法律效力的一种法律行为。因此，遗嘱的法律效力开始于遗嘱人死亡之时。遗嘱人死亡之前，遗嘱一概不发生法律效力。遗嘱人死亡，包括两种情况：其一，自然死亡。自然死亡，是指遗嘱人因疾病、年老等原因而生命终结。遗嘱人自然死亡时，遗嘱从其自然死亡时起发生法律效力；其二，经人民法院宣告死亡。遗嘱人经人民法院宣告死亡的，自人民法院的判决中所确定的遗嘱人死亡之日起，遗嘱发生法律效力。

（二）遗嘱发生法律效力的后果。遗嘱一旦发生了法律效力，继承人或受遗赠人的权利义务就确定了；而在遗嘱人死亡之前，继承人或受遗赠人对于遗嘱中设定的权利只不过是一种期待的权利，即不论遗嘱设立的时间长短，也不论其他继承人是否知道遗嘱的内容，遗嘱继承还不是一种既得的现实权利，不得请求给付财产。在遗嘱人死亡之前,任何人也无权要求知道遗嘱的内容。只有当遗嘱已经发生法律效力，遗嘱中的期待权成为一种现实的既得权利以后，遗嘱中的受益人才可以请求给付财产，遗嘱即开始执行。

为了深入理解上述内容，我们看生活中这样一则案例：范某今年68岁，因心脏病突发住进医院，经过抢救，病情得到控制。在住院期间，范某感觉自己将不久于人世，应当把财产做个处理，免得自己死后儿女们为了争家产而大打出手。因此，立了份遗嘱，对财产做了分配。范某的儿子知道范某立遗嘱后，害怕给自己分配的财产份额少，便要求范某宣布遗嘱内容。范某在无奈之下当众宣布了遗嘱，其女在知道自己分得的财产比较多后，害怕范某反悔，要求马上继承财产，但其子不同意。范某便托人向律师进行咨询，律师告诉范某及其儿女，范某虽然立了遗嘱，但是本人还健在，遗嘱并不能马上产生法律效力，其女要求立即分配财产的想法是错误的。只有等范某去世后，其子女才能按遗嘱的内容开始继承财产。

友情提示

遗嘱的法律效力于遗嘱人死亡时才开始，因此，遗嘱人在死亡之前既可以任意撤销自己所立的遗嘱，也可以变更或修改自己所立遗嘱的内容。

2. 妻子不得改嫁才能继承遗产的遗嘱是否有效？

关键词

【继承权男女平等】

有问必答

我国现行《婚姻法》确立了婚姻自由、男女平等的原则，妇女在法律上享有与男子平等的地位。同时，法律也赋予女子与男子享有同等的继承权。但是，目前在我国某些农村，认为寡妇改嫁不应带走其死去丈夫的遗产，因而很多人在遗嘱中写明，只有妻子不改嫁才能继承丈夫的遗产。对于这种做法，我们从以下两方面进行分析：

首先，我国法律对妻子继承权的规定。继承权男女平等是继承权平等原则的核心和基本表现，也是我国宪法所规定“男女平等”原则的具体体现。我国《继承法》第9条规定：“继承权男女平等。”即妇女不论是未婚、已婚还是再婚均有与男子享有同等的继承权。同时，该法第30条规定：“夫妻一方死亡后另一方再婚的，有权处分所继承的财产，任何人不得干涉。”这说明夫妻双方在继承上享有平等的权利，丈夫可以继承妻子的财产，妻子也可以继承丈夫的财产。在丈夫死亡后，妻子可以再婚，也可以处分所继承的丈夫财产他人不得干涉。

生活中有这样一则案例：彭某在村口开了一家面馆，由于过往行人较多，生意兴隆，多年来积攒了一些家产。后来他自己身患绝症，在自知活不久的情况下，立下遗嘱，妻子王某若要改嫁便不能继承他的遗产。彭某死后，其妻王某改嫁他人，当她要变卖继承彭某的那份遗产时，彭某家人认为王某违反了彭某所立的遗嘱，已丧失了继承权。于是，双方诉至法院，法院经审理后认为，彭某所立的遗嘱违反了我国法律的规定，应属无效。遗产按法定顺序继承进行，王某有权变卖自己所继承的遗产。

其次，违反我国法律和社会公共利益的遗嘱的效力。只有遗嘱的内容合法，才发生法律效力。尤其是那种附条件或附期限的遗嘱继承和遗赠，不是无限制的，决不能全凭遗嘱人任意妄为，它必须受到法律的严格限制。因此，遗嘱继承不得违反国家的法律和社会公共利益，否则，遗嘱无效。例如，张某有一儿子和一孙女，他生前立下遗嘱，以其子必须生养一男孩作为继承其遗产的条件，否则不得享有继承权。这种基于男尊女卑和传宗接代的封建思想而附有条件的遗嘱，不仅违反了我国宪法、民法规定的男女平等原则，而且也不符合我国当前的计划生育政策，应当无效。

友情提示

继承权男女平等除体现在夫妻之间外，还体现在以下几个方面：非婚生子女与婚生子女继承权平等；养子女与亲生子女继承权平等；儿媳与女婿在继承权上权利平等；同一顺序的继承人继承遗产的权利平等。因此，遗嘱人在立遗嘱时，一定要严格遵守法律的规定。

3. 未给胎儿保留必要的继承份额的遗嘱是否有效？

关键词

【胎儿的继承份额】

有问必答

根据我国《民法通则》第 71 条的规定，公民在死亡之前有对自己合法所有的个人财产进行处分的权利。但是，这种处分应当符合法律的规定，应充分考虑老人、妇女、儿童等特殊人群的利益，违反法律规定的遗嘱，是不受法律保护的。

（一）胎儿继承份额的保留的概念。胎儿继承份额的保留，是指继承人在分割遗产时，如果有胎儿，且该胎儿出生后属于被继承人的法定继承人范围的，就应当为该胎儿保留继承份额。由于在我国，公民的民事权利主体资格始于出生，终于死亡，而胎儿尚不具有民事权利主体资格，因此，胎儿并不具有继承能力。但是，为了保护胎儿的利益，我国法律在分割遗产时对胎儿进行特殊保护，保留胎儿的继承份额。需要指出的是，该份额原则上应按法定继承的遗产分配原则确定，如果是多胞胎的，则应按胎儿的数量保留继承份额。

（二）未给胎儿保留必要遗产份额的遗嘱无效。我国《继承法》第28条规定："遗产分割时，应当保留胎儿的继承份额。"最高人民法院《关于贯彻执行〈中华人民共和国继承法〉若干问题的意见》第45条规定："应当为胎儿保留的遗产份额没有保留的应从继承人所继承的遗产中扣回。为胎儿保留的遗产份额，如胎儿出生后死亡的，由其继承人继承；如胎儿出生时就是死体的，由被继承人的继承人继承。"因此，被继承人立遗嘱时，不得取消胎儿的继承份额。如果取消，所涉及该胎儿遗产部分的遗嘱无效。

（三）对保留的胎儿份额应如何处理。在分割遗产时，如死者遗有未出生的胎儿，应给胎儿保留应当继承的遗产份额，其应继承的数额一般以共同参加继承的各法定继承人的平均数额为参考数额。如果胎儿生下是活体，这份遗产份额由胎儿继承，可由其母亲代为保管；如果胎儿出生后不久即死亡，则该保留份额为该死婴的法定继承人按法定继承处理；如果胎儿出生是死胎，这份遗产就由被继承人的继承人再分割。

我们看生活中这样一个案例：唐某不慎被重物砸中头部而死亡，这时唐某的妻子林某正怀有身孕。不久，林某继承了丈夫的部分遗产，欲改嫁他人，在走之前要求公婆给其腹中胎儿的应得遗产部分。但林某公婆认为，人都走了，孩子还没有出生就不能分得遗产，所以不同意林某的请求。林某无奈之下向法院起诉，法院根据《继承法》第 28 条的规定，经审理认为，林某已怀有身孕，其胎儿应分得部分遗产，先由林某予以保管，待胎儿出生后，如果胎儿是活体的，该遗产归胎儿所有；如果胎儿是死体的，该遗产按法定继承处理。

友情提示

胎儿虽未出生，但其相关的权利仍应受到法律的保护，如继承权、生命健康权等。因此，遗嘱人在立遗嘱或者继承人在分割财产时，应当为胎儿保留必要的遗产份额。

4. 遗嘱人在被欺骗的情况下所立的遗嘱有效吗？

关键词

【遗嘱的效力】

有问必答

在现实生活中，往往有一些遗嘱人因为某种原因受到他人的欺骗，作出与自己真实意思相违背的遗嘱，在这种被欺骗的情况下所订立的遗嘱，其效力应如何确定，应从以下几个方面进行分析：

（一）遗嘱是遗嘱人独立的民事行为。遗嘱，是遗嘱人生前对自己财产所作的处分行为，只能由遗嘱人独立自主地作出，而不能由他人的意思辅助或者代理。因此，遗嘱必须由遗嘱人亲自设立，既不需要征得他人同意，也不能由他人代为设立。且遗嘱必须是由遗嘱人亲自实施的行为，因此，遗嘱也必须是遗嘱人的真实意思表示，没有反映遗嘱人真实意愿的遗嘱不发生法律效力。

（二）遗嘱人在被欺骗的情况下所立的遗嘱无效。被欺骗所订立的遗嘱是指遗嘱人被他人的虚假信息所蒙蔽而订立的遗嘱。遗嘱不仅应当符合法律规定的形式，而且遗嘱人立遗嘱时应当是自由的、无外在干扰因素的、能够完全反映自己的真实意愿。因此，遗嘱人被他人欺骗所订立的遗嘱必然不能真实地反映遗嘱人的意愿，根据我国《继承法》第22条第2款的规定，遗嘱必须表示遗嘱人的真实意思，受胁迫、欺骗所立的遗嘱无效。所以，这样的遗嘱不受法律保护，是无效的。

生活中有这样一个案例：黄某已年近九旬，身体每况愈下，他便打算将自己年轻时收藏的几件古董作为遗产留给子女。由于黄某的三个子女都是大学教师，尤其二儿子是搞中国古文化研究的，知道父亲藏有几件古董，就想占为己有，多次在父亲面前说，如果父亲能将古董给他，他就将古董收藏起来，供研究之用。黄某信以为真，在几位好友的见证下，写了一份遗嘱，古董由二儿子所有，20万元的存款由大儿子和小女儿平分，并将设立该遗嘱的缘由告诉了几位好友。不久，黄某因心脏病突发而死亡。继承开始后，子女们都知道该古董的价值。二儿子已与一古董商约定，准备出卖该古董。为此黄某的另外两个子女与二儿子产生纠纷并诉至法院。法院经过调查得知，二儿子存在欺骗的故意，判决二儿子继承古董部分无效，按法定顺序继承。

（三）遗嘱无效的遗产如何继承。我国《继承法》第27条规定："有下列情形之一的，遗产中的有关部分按照法定继承办理：（一）遗嘱继承人放弃继承或者受遗赠人放弃受遗赠的；（二）遗嘱继承人丧失继承权的；（三）遗嘱继承人、受遗赠人先于遗嘱人死亡的；（四）遗嘱无效部分所涉及的遗产；（五）遗嘱未处分的遗产。”因此，遗嘱人因受欺骗所订立的遗嘱是无效的，在继承开始后，应当按照法定继承予以办理。

友情提示

在现实生活中，有些继承人为了多分得遗产，故意以各种方式欺骗遗嘱人作出与自己真实意愿相违背的遗嘱，这种遗嘱是无效的，法律也不予保护。但是，在各继承人因此产生纠纷诉诸法院时，应当拿出该遗嘱是在受欺骗的情况下作出的证据，否则该遗嘱有效。

5. 受胁迫所订立的遗嘱有效吗？

关键词

【遗嘱的有效条件】

有问必答

遗嘱作为一种独立的、单方民事行为，只有符合法律规定的一定条件，才能发生法律效力。不符合法律规定条件的遗嘱，则不发生任何的法律效力。以下我们对受胁迫所订立的遗嘱的效力问题进行分析：

（一）遗嘱的有效条件。依照我国《继承法》的规定，遗嘱有效必须具备以下条件：（1）遗嘱人须有遗嘱能力。遗嘱能力是指公民依法享有的设立遗嘱，依法自由处分自己财产的资格，即遗嘱人的行为能力。我国《民法通则》第11条规定：“十八周岁以上的公民是成年人，具有完全民事行为能力，可以独立进行民事活动，是完全民事行为能力人。十六周岁以上不满十八周岁的公民，以自己的劳动收入为主要生活来源的，视为完全民事行为能力人。”（2）遗嘱须是遗嘱人真实意思的表示。遗嘱的内容必须与遗嘱人关于处分遗产的内在的真实意思相一致。

而受胁迫所立的遗嘱是指遗嘱人受到他人非法的威胁、要挟，为避免自己或亲人的财产或生命健康遭受侵害违心地作出与自己真实意思相悖的遗嘱，这显然不是遗嘱人真实意思的表示。（3）遗嘱的内容合法。遗嘱人在遗嘱中所处分的财产是属于遗嘱人自己所有的，对他人所有的财产无权进行处分。（4）遗嘱的形式符合法律规定的形式要求。我国《继承法》第17条规定的遗嘱形式有：公证遗嘱、自书遗嘱、代书遗嘱、录音遗嘱、口头遗嘱。因此，只有遗嘱符合上述条件，才能合法有效，才能导致继承程序的开始。

（二）受胁迫所订立的遗嘱无效。我国《继承法》第16条第1款规定："公民可以依照本法规定立遗嘱处分个人财产，并可以指定遗嘱执行人。"同时《继承法》第22条第2款规定："遗嘱必须表示遗嘱人的真实意思，受胁迫、欺骗所立的遗嘱无效。"受胁迫所立的遗嘱完全是胁迫者将自己的意志强加于遗嘱人的结果，且这种胁迫的手段本身就是卑劣的，非法的，它侵犯了遗嘱人自由处分自己财产的权利，违背了遗嘱人的意志，这种遗嘱理所当然应当宣告无效。我国《民法通则》第58条就明确规定，一方以欺诈、胁迫的手段或者乘人之危，使对方在违背真实意思的情况下进行的民事行为无效。因此，遗嘱人在受到他人胁迫的情况下所订立的遗嘱是无效的，不具有法律效力，在继承开始后，也不能按照该遗嘱的内容进行继承财产。

我们看生活中这样一则案例：小军的父亲是木工，多年来积攒了一些钱，并修建一栋砖瓦房，生活比较富裕。在一次车祸中，小军父亲意外死亡，小军与体弱多病的母亲杜某相依为命。小军的叔叔张某为了得到哥哥遗留下来的存款和房子，于是乘杜某病重之机，以照顾杜某生活为名，胁迫杜某立一份遗嘱把一切财产都给他继承，要是不立，就不让小军在村子里待下去。杜某无奈，写下遗嘱，表明在她死后，其住的砖瓦房及存款由张某继承。不久，杜某去世，张某则凭借遗嘱霸占小军的房子，导致小军无家可归。随后，小军在村里人的帮助下，把张某告上了法庭。法庭经调查审理后认为，杜某是在受到张某的胁迫而立的遗嘱，依法判决该遗嘱无效，杜某遗留的存款及房屋由小军依法继承。

友情提示

如果继承人在继承遗产时，认为他人持有的与自己有利益冲突的遗嘱是无效的，可以向人民法院提起诉讼，请求法院认定该遗嘱无效。但是，继承人应当收集有关该遗嘱是遗嘱人在受到胁迫时所作出的相关证据。否则，就不能很好地维护自己的合法权益。

6. 被篡改的遗嘱是无效遗嘱吗？

关键词

【篡改遗嘱】

有问必答

在现实生活中，继承人或者其他公民为了自己夺取遗产和帮助自己亲近的人取得遗产，而将被继承人所立的遗嘱进行非法涂改、增删，改变遗嘱的内容，使之符合自己的心愿。这种行为即是篡改遗嘱，是我国法律所不允许的，属于无效遗嘱。

（一）被篡改的遗嘱的效力如何确定。我国《继承法》第 22 条第 4 款明确规定：“遗嘱被篡改的，篡改的内容无效。”这种被篡改的遗嘱，由于继承人或者其他公民只篡改了遗嘱中与自己有利害关系的那一部分，只有篡改部分的内容违背了遗嘱人的意志，侵犯了遗嘱合法继承人的利益，因此，被篡改的那部分遗嘱内容应当认定无效，不能误认为被篡改的遗嘱整个无效。如果将整个遗嘱都归于无效，不仅不利于保护合法的遗嘱继承人的利益，而且还往往使那些非法的遗嘱篡改者目的得逞。因此，未被篡改部分是遗嘱人的真实意思表示，对其内容应当给予尊重和保护，否则会损害合法的遗嘱继承人的利益。

为了更容易了解上述内容，我们看生活中这样一则案例：王某去世时留下一份遗嘱，遗嘱上写明，其妻赵某继承所有的房产，大儿子王海波继承拖拉机及1万元存款，二儿子王海涛继承果园及存款3万元，女儿王海燕继承存款1万元。当二儿子王海涛拿出遗嘱宣读时，大儿子王海波发现遗嘱上有改动的痕迹，就产生了疑义。随后到县里让有关专家进行鉴定发现，遗嘱是被他人篡改过的。是王海涛把王海波与王海燕各继承存款的2万元改成了1万元，把自己继承的1万元改成3万元。鉴于此，王海波与王海燕起诉到法院，要求法院认定该遗嘱无效。法院经过审理查明，王海涛的确篡改了其父的遗嘱。法院依法判决该遗嘱被篡改部分无效，其他部分有效。

（二）继承人篡改遗嘱的，其继承权是否丧失。我国《继承法》第7条规定："继承人有下列行为之一的，丧失继承权：……（四）伪造、篡改或者销毁遗嘱，情节严重的。"同时，最高人民法院《关于贯彻执行〈中华人民共和国继承法〉若干问题的意见》第14条也规定："继承人伪造、篡改或者销毁遗嘱，侵害了缺乏劳动能力又无生活来源的继承人的利益，并造成其生活困难的，应认定其行为情节严重。"据此，继承人篡改遗嘱并不必然丧失继承权，只有在侵害了缺乏劳动能力又无生活来源的继承人利益，并造成生活困难的情况下，篡改遗嘱的继承人才丧失继承权，如果情节不严重，继承人不会丧失继承权，仍然可以按照遗嘱的内容继承遗产。

友情提示

在生活当中，当事人篡改遗嘱时，可能将内容全部改变，也可能只改变内容的一部分，因此需视情况而定。如果内容全部被改变，则全部无效；如果只改变了一部分，则篡改的内容无效，而未被篡改的内容仍然有效。

7. 遗嘱人所立的多份遗嘱的内容自相矛盾是否有效?

关键词

【遗嘱效力的确定】

有问必答

在现实生活中，内容含糊不清、自相矛盾的遗嘱时有出现。这种遗嘱反映出遗嘱人在立遗嘱时神智不清，思维逻辑混乱，不能准确的表达自己的意志，这种遗嘱属于无效。但是，遗嘱人若立有多份遗嘱，且各遗嘱之间自相矛盾或含糊不清的，这时就要从以下几方面进行分析：

（一）所立的多份遗嘱中有公证遗嘱的以公证遗嘱为准。根据我国《继承法》第17条的规定，遗嘱主要有以下形式：即自书遗嘱、代书遗嘱、公证遗嘱、口头遗嘱和录音遗嘱。遗嘱人可以根据自身的情况选择适用的遗嘱形式订立遗嘱，但均不得违反法律规定和社会公德。其中，公证遗嘱不仅是遗嘱人的真实意思表示，而且该意思表示还经过国家公证机构的认可，可以认为它具有双重的约束力。与此同时，我国《继承法》也对它进行了严格规定，该法第20条第3款规定：“自书、代书、录音、口头遗嘱，不得撤销、变更公证遗嘱。”由此可经看出，公证遗嘱具有比自书、代书、录音、口头遗嘱具有更强的法律效力。因此，如果遗嘱人在所立的多份遗嘱中有公证遗嘱的，则应以公证遗嘱为准。

为了更容易了解上述内容，我们看生活中这样一则案例：钱某有两个儿子，大儿子在外地做生意，这两年亏了不少，二儿子虽在农村种地，但日子过的还算不错。钱某考虑到这种情况，便立下遗嘱，把自己所有的房产归二儿子所有，存款10万元归大儿子所有，并将该遗嘱进行了公证。一年后，大儿子的生意有了好转并且越做越红火，而在农村的二儿子生活却越来越窘迫。为此，钱某又立下一份代书遗嘱，大儿子继承存款5万元,二儿子继承剩下的存款以及所有房产。在钱某死后，两个儿子因存款继承发生了纠纷，二人各持一份遗嘱诉至法院。法院审理后认为，钱某所立的公证遗嘱有效，存款由大儿子继承，房产由二儿子继承。

（二）所立的多份遗嘱中没有公证遗嘱的以最后的遗嘱为准。遗嘱人可以采用不同的遗嘱形式处分自己的财产。但是，如果遗嘱人同时立有数份自相矛盾的遗嘱该怎么解决呢？我国《继承法》第20条第1款、第2款规定：“遗嘱人可以撤销、变更自己所立的遗嘱。立有数份遗嘱，内容相抵触的，以最后的遗嘱为准。”据此，遗嘱人立有数份遗嘱没有公证遗嘱且各遗嘱的内容相互矛盾时，则以最后所立的遗嘱为准。

友情提示

上述确定遗嘱效力的方法，只适用于合法的遗嘱，不是合法遗嘱的应先把它们从数份遗嘱中排除。如果遗嘱人所立的数份遗嘱都不合法，那么则按照法定继承的方式继承遗产。

8. 违反法定程序订立的遗嘱是否有效？

关键词

【设立遗嘱的法定程序】

有问必答

遗嘱的设立是否符合法定的程序，应以遗嘱设立时法律规定的标准为准。凡是违反法定程序所立的遗嘱，都视为无效遗嘱，不具有任何的法律效力，继承人也不得按照无效遗嘱的内容继承财产。

（一）遗嘱的设立及遗嘱的内容。遗嘱的设立是遗嘱人按照法律规定的方式订立遗嘱的行为。按照我国《继承法》的规定，遗嘱的设立实行遗嘱自由原则。就是说，遗嘱人可以按照自己的意愿设立遗嘱。但遗嘱设立时必须符合法律所规定的条件。否则，遗嘱不能发生法律效力。遗嘱是对遗产及相关事项的处置和安排，因此，遗嘱人在设立遗嘱时，应当将处分自己财产的意思充分地表示出来。即遗嘱的内容应当具体明确，便于执行，避免发生歧义。一般来说，遗嘱的内容包括：指定继承人、受遗赠人；指定遗产的分配办法或份额；对遗嘱继承人、受遗赠人附加的义务，例如李某在遗嘱中指定儿子在继承遗产后，应将遗产中的一幅国画献于国家；指定遗嘱执行人等。

（二）设立遗嘱必须具备的法定程序。我国《继承法》第 17 条规定："公证遗嘱由遗嘱人经公证机关办理。自书遗嘱由遗嘱人亲笔书写，签名，注明年、月、日。代书遗嘱应当有两个以上见证人在场见证，由其中一人代书，注明年、月、日，并由代书人、其他见证人和遗嘱人签名。以录音形式立的遗嘱，应当有两个以上见证人在场见证。遗嘱人在危急情况下，可以立口头遗嘱。口头遗嘱应当有两个以上见证人在场见证。”据此，遗嘱人无论采用何种形式设立遗嘱，都必须遵循上述程序。如果遗嘱人在订立遗嘱时违反了上述法定程序，就不具备遗嘱成立的必要条件，应当认为该遗嘱属于无效遗嘱。

为了便于理解上述问题，我们看生活中这样一则案例：维族人司马义有几十头牛羊和存款5万元，其老伴早年去世。司马义为了避免自己死后，两个儿子为争夺遗产而大打出手，于是，他让小儿子叫来村委主任胡某，要他代写遗嘱，胡某通识维吾尔语言就答应了。遗嘱写明，房屋和5万元存款归大儿子所有，几十头牛羊归小儿子所有。在立遗嘱时，既没有见证人，也没有司马义的签名。司马义去世后，两个儿子为遗产争执起来，最后起诉至法院。法院审查后发现，该遗嘱的设立不符合法定程序，即只有一个见证人，司马义也没有在遗嘱上签字，因此判定该遗嘱无效，其遗产按照法定继承进行处理。

友情提示

在这里要注意的是，少数民族的遗嘱人立遗嘱时，其寻找的遗嘱代书人或者见证人一定要通晓本民族的语言文字，这样能够更好的见证自己所立遗嘱的真实意思表示，否则，容易导致继承人对遗嘱的真伪产生怀疑，也达不到遗嘱人立遗嘱时的目的。

9. 遗嘱继承人在遗嘱继承开始前死亡的该遗嘱是否有效？

关键词

【遗嘱不生效】

有问必答

遗嘱是于遗嘱人死亡时才发生法律效力的单方民事行为。在此之前，遗嘱还尚未发生法律效力。对于这些尚未生效的遗嘱中，由于某种原因，其中一部分遗嘱或全部将不可能再发生法律效力，把这种不会发生法律效力的遗嘱称为不生效的遗嘱。

（一）遗嘱不生效的情况有哪些。根据我国《继承法》的相关规定，不生效的遗嘱主要有以下几种：

（1）附有解除条件的遗嘱，如果在遗嘱人死亡以前条件已经成就，则该遗嘱不发生法律效力。例如，孙某立下遗嘱，在其死后，每年给其孙子学习费用1000元，直到孙子独立工作时为止，结果其孙子在自己死亡之前就已经独立工作，因此该遗嘱不发生法律效力。

（2）遗嘱的继承人、受遗赠人在遗嘱继承开始前均已死亡，则遗嘱不发生法律效力。例如，葛某有父母、妻子、儿子，在自己患重病卧床期间立下遗嘱，将财产的一半给予生存着的父母，另一半给他的妻子和儿子。后来，由于其父母和妻子均在继承开始前的一场车祸中死亡，这时他原立下的遗嘱就全部不发生法律效力，应当按照法定继承的原理，全部财产由儿子继承。

（3）附有停止条件的遗嘱，遗嘱继承人、受遗赠人在条件成就以前已经死亡，则遗嘱不发生法律效力。例如，陆某立有遗嘱，如果其侄子考上重点高中，就将自己财产让他继承，结果其侄子在他死之前没有考上重点高中，则该遗嘱不发生法律效力。

（4）遗嘱的继承人、受遗赠人在遗嘱成立后，由于某种不法行为或不道德行为而被剥夺继承权的，则遗嘱不发生法律效力。例如，冯某有一子、一女，并无其他亲属。他生前立下遗嘱，将四间房屋及3000元存款全部留给儿子。然而，其子在冯某年老多病、丧失劳动能力之后，拒绝赡养甚至打骂遗弃冯某。在冯某死后，其子又主张继承该遗产，被法院依法剥夺其继承权，全部遗产由冯某的女儿继承。

（5）在继承开始时，遗嘱的标的物已经不存在或者已经不属于遗产，则遗嘱不发生法律效力。例如，邱某在自己健在时立下一份遗嘱，将六间房屋留给儿子，50000 元存款留给女儿。后来，邱某身患重病，50000 元存款已被花掉，六间房屋也被变卖支付医疗费用。当邱某死亡时，由于遗嘱中所列的房屋和存款不存在，该遗嘱也就不发生法律效力。

（二）遗嘱继承人在遗嘱继承开始前部分死亡的，该遗嘱的效力如何确定。如果遗嘱的继承人、受遗赠人在遗嘱继承开始前全部死亡的，该遗嘱已没有实际执行的意义，则遗嘱全部不发生法律效力，被继承人的遗产应按照法定继承处理。遗嘱继承人、受遗赠人在遗嘱继承开始前部分死亡，遗嘱中有关该遗嘱继承人或受遗赠人享有的遗产份额的部分应认定为无效，则无效部分的财产按法定继承处理。

我们看生活中这样一则案例：杨某的妻子早已去世，有一子杨军和一女杨洋。去年，杨某患了肝癌，便立下了一份遗嘱，将其全部遗产的三分之二由杨洋继承，剩下的由其子杨军继承。不久，杨洋在一次意外中去世，杨某悲痛万分，不久也就去世了。杨洋的丈夫便要求杨军分割遗产，杨军认为其父立下的遗嘱因杨洋先于父亲去世而丧失法律效力，因此拒绝分割遗产。于是二人诉至法院，法院调查审理后认为，遗嘱继承人在遗嘱继承开始前部分死亡，遗嘱中有关该遗嘱继承人享有的遗产份额的部分应为无效。因此，判决遗嘱中涉及杨洋继承遗产的部分无效，按法定继承处理，其他部分继续有效。

友情提示

这里要注意的是，遗嘱继承的效力优先于法定继承，在继承开始后，有遗嘱的，要先按照遗嘱进行继承。在没有遗嘱或者遗嘱归于无效的情况下才能按照法定继承进行处理。

10. 遗嘱人的财产在继承开始前已经不存在的该怎么办?

关键词

【遗嘱标的物灭失的权利归属】

有问必答

在继承开始前，遗嘱中所指明的遗产常有可能遇到不可抗力（如天灾、地震等）或者因遗嘱人本人的行为、第三人的行为而使之灭失、毁损、变更或者遗嘱人丧失对该遗产中标的物的占有。对于遗嘱中标的物灭失的处理，我们应从以下几个方面进行分析：

（一）因不可抗力或者因遗嘱人本人的行为使遗嘱标的物（遗嘱人指定的遗产）灭失、毁损或变更遗嘱中的标的物，导致遗嘱效力的认定。

（1）如果是由于天灾、地震等不可抗力而使遗嘱标的物灭失、毁损的，该标的物已经不复存在，即使遗嘱符合法定成立的要件，也没有实际执行的意义，则遗嘱中关于此项财产的处分是无效的。

（2）如果是由于遗嘱人本人的行为使遗嘱标的物灭失、毁损、转让或变更的，则遗嘱中关于此项财产的处分也不生效，应当按照实际情形进行处理。

为了更清楚理解上述问题，我们看生活中这样一则案例：秦某有两儿一女，但都不在身边。去年，秦某立下遗嘱，指定房屋三间由大儿子继承，面粉加工厂由二儿子继承，存款5万元由女儿继承。秦某并将此遗嘱办理了公证。过后，秦某感觉大儿子在外地工作，不会回来，就把三间房屋变卖，并将所得款赠给村里的学校，自己住进了养老院。秦某去世后，其子女回来料理后事并分割遗产，当大儿子得知自己继承的房屋已经被卖时，认为遗嘱无效，要求按法定继承处理母亲遗留的遗产，但二儿子与女儿不同意。于是，诉诸法院。法院经审理后认为，因秦某本人将房屋转让的，所以，遗嘱中关于房屋的处分不生效，其他部分仍然继续有效。

（二）因他人的行为而使遗嘱标的物灭失、毁损、变更的遗嘱的效力。如果是因为他人的行为而使标的物灭失、毁损、变更的，可以不问他的行为是否出于故意，是否为法律所禁止，都可能对继承人产生一种权利，这种权利是从遗嘱中指定继承人继承财产的灭失推定出来的。在司法实践中，这种权利的发生主要有以下几种情况：

（1）如果遗嘱标的物是被他人的不法行为所毁损、灭失的，该继承人对他人可以主张损害赔偿请求权。这时，应推定遗嘱人对此项损害赔偿请求权为遗嘱标的。例如，赵某生前在遗嘱中表明，自己饲养的一匹马由侄子赵甲继承。不久，赵某去世，正当他们准备分割财产时，这匹马被邻居王某开拖拉机撞死。因此，赵甲有权要求王某给予赔偿。

（2）如果遗嘱人在立遗嘱后，将某项遗嘱标的物请他人加工，因加工所增加的价值显然大于其本身价值，因而该物的所有权为加工人取得，则遗嘱人只能取得价金的请求权。这时，应推定遗嘱人以这项价金的请求权作为遗嘱的标的。例如，钱某在遗嘱中表明，自己珍藏的一块玉石由儿子钱甲继承。随后，钱某请韩某对这块玉石进行雕刻。在玉石还没有加工完毕时，钱某死亡，韩某拒绝返还玉石，钱甲有权要求韩某支付玉石的价金。

（3）若遗嘱人因故将遗嘱标的物典当给他人而丧失对该物的占有，但遗嘱人有对该物典当赎回的权利，则在遗嘱人死亡时，应推定遗嘱人以此物的典当赎回权利作为遗嘱的标的。例如，李某在立遗嘱时表明一对玉杯由其子李海继承。随后，李某因需要钱看病，遂将一对玉杯典当到某典当行。在李某去世后，李海有权向某典当行赎回一对玉杯归自己所有。

（4）如果遗嘱人生前将该标的物交付保险公司保险，后因危险事故而导致该标的物毁损、灭失的，应推定遗嘱人以此项保险金额的请求权作为遗嘱标的。例如，孙某的房屋已经购买了保险，孙某在立遗嘱时将该房屋已赠给其妹孙玲所有。但在孙某死亡时，该房屋已被火烧毁。这时，对保险公司所取得的保险金的请求权应当属于受遗赠人孙玲所有。

（5）如果遗嘱人在遗嘱中规定某项不动产由某人继承或遗赠给某人，但此后该遗嘱标的物被国家征用的，在遗嘱人死亡后，应推定被征用后取得的补偿损失请求权为遗嘱标的。例如，颜甲在立遗嘱时已言明将房屋遗赠给陈乙，后因国家建设需要被征用、拆迁，这时就应当以征用单位所给的补偿金和一定数额房屋的使用权作为遗赠标的。

因此，在上述五种情况中，虽然作为遗嘱标的物的特定财产因情况而发生了重大变化，但是法律上应推定因情况变化所取得的权利作为遗嘱的标的。在遗嘱生效之日，纵然遗嘱标的物的交付已成为不可能，但因标的物所换得的权利应当属于继承人或受遗赠人。

友情提示

如果继承人和利害关系人对遗嘱的法律效力有争议的，可请求人民法院通过审判程序予以裁判。人民法院的生效判决将是认定该遗嘱是否有效的主要根据。

第七节 遗嘱的执行

1. 遗嘱执行人的范围有哪些?

关键词

【遗嘱执行人的范围】

有问必答

遗嘱的执行是指遗嘱生效后为实现遗嘱的内容所实施的必要的行为及程序。作为遗嘱继承人是不能作为遗产执行人进行遗产分割的，对于遗嘱执行人所应具备的条件及范围，应从以下几个方面进行分析：

(一)担当遗嘱执行人的资格。在我国，遗嘱是在遗嘱人死亡后才发生效力，因此，遗嘱人自己不能执行遗嘱，而须由他人来执行。但遗嘱并不是任何人都可执行的，只能由特定的人执行。有权执行遗嘱的人，即为遗嘱执行人。因为遗嘱执行的行为也是一种民事法律行为，故遗嘱执行人必须具备相应的民事行为能力。从遗嘱执行的后果看，遗嘱执行属于重大的和复杂的民事行为，因此，遗嘱执行人应为完全民事行为能力人。无民事行为能力人和限制民事行为能力人，不具备担当遗嘱执行人的资格。

(二)遗嘱执行人的范围。根据我国《继承法》第16条第1款的规定，公民可以依照本法规订立遗嘱处分个人财产，并可以指定遗嘱执行人。在司法实践中，遗嘱执行人主要包括以下三种：

第一，遗嘱人在遗嘱中指定遗嘱执行人。遗嘱人在遗嘱中指定了遗嘱执行人的，被指定的人即为遗嘱执行人。

第二，法定继承人为遗嘱执行人。遗嘱人在遗嘱中未指定遗嘱继承人或者指定的遗嘱继承人不能执行遗嘱的，则遗嘱人的法定继承人为遗嘱执行人。

第三，有关单位为遗嘱执行人。遗嘱人在遗嘱中没有指定遗嘱执行人，同时也没有法定继承人能执行遗嘱时，由遗嘱人生前所在单位或者继承开始地点的基层组织（村民委员会、居民委员会）为遗嘱执行人。

我们看生活中这样一则案例：蔡某临终前立下一份遗嘱，在遗嘱中没有指定遗嘱执行人。不久，蔡某的子女在分割遗产时，因没有遗嘱执行人，几个遗嘱继承人都想由自己主持分割遗产，为此产生纠纷。最后诉诸法院，经过审理，法院最后指定该村委会为遗嘱执行人。

友情提示

遗嘱执行人必须按照遗嘱的规定，清理遗产、管理遗产，如实公布遗嘱的内容，不得有所偏袒，损害其他遗嘱继承人的合法权益。遗嘱执行人在执行遗嘱时，任何人均不得妨碍，否则遗嘱执行人有权请求人民法院保护其执行遗嘱的合法权利。

2. 遗嘱执行人应当如何执行遗嘱？

关键词

【遗嘱执行的程序】

有问必答

如果遗嘱生效后，不执行或者不正确执行遗嘱人生前立下的遗嘱，则遗嘱人的意愿就会落空或受到歪曲，损害遗嘱继承人的合法继承权。

因此，对遗嘱的执行，要按照合法的程序进行。

（一）遗嘱执行人执行遗嘱的一般程序。在实际生活中，遗嘱执行人一般是按照下列程序处理遗嘱的：

（1）出示遗嘱。把遗嘱的内容公开告知遗嘱继承人和受遗赠人。

（2）清点遗嘱中列明所要执行的遗产，并制作遗产清单，同时核实遗嘱继承人或受遗赠人。这样可以防止继承人或存有遗产的人隐匿、侵占遗产，损害受遗赠人、债权人及其他利害关系人的利益。

（3）管理遗产并为执行作好必要的准备。在遗产没有分割之前，遗产执行人应当管理好遗产，以防遗产被盗或毁损。

（4）召集并主持继承人和受遗赠人会议，在继承人或其他人对遗嘱没有争议时，根据遗嘱中指定的遗产分配原则或指定的数额，将遗产交给遗嘱继承人或受遗赠人。

我们看生活中这样一则案例：高某夫妻外出务工时，遭遇车祸，临死前，在医生见证下，立了一份口头遗嘱。房产由儿子继承、农用工具由侄子继承、别人借用的磨房由母亲继承，遗嘱执行人指定为村委会主任。村委会主任不知道如何执行遗嘱，于是请来律师帮忙。在律师的帮助下，首先清点了高某遗嘱中所涉及的遗产，并核对了继承人；其次，收回了借给别人的磨房；最后，召集高某的母亲、儿子以及侄子。在他们对遗嘱没有争议的情况下将遗产按照遗嘱的规定转交给他们。

（二）遗嘱执行人执行遗嘱的特殊程序。在特殊情况下，遗嘱执行人在执行遗嘱时要把握好以下几种情况：

（1）遗嘱执行人在执行遗嘱时，应当先清偿遗嘱人生前所欠的税款和债务，剩余的遗产才能按照遗嘱继承份额的比例进行分割继承。

（2）有遗赠抚养协议的，应先按照遗赠抚养协议办理，然后再执行遗嘱。如果遗赠抚养协议与遗嘱没有抵触的，则分别按照遗赠扶养协议和遗嘱进行办理。如果遗赠抚养协议与遗嘱有抵触的，遗嘱有抵触的部分或全部将无效，遗嘱执行人无须对其执行。

（3）遗嘱中内容既有遗嘱继承，又有遗赠的，应先执行遗赠。**最高人民法院《关于贯彻执行〈中华人民共和国继承法〉若干问题的意见》第53条规定："继承开始后，受遗赠人表示接受遗赠，并于遗产分割前死亡的，其接受遗赠的权利转移给他的合法继承人。"**据此可以看出，遗赠的效力高于遗嘱继承的效力，当受遗赠人无法接受遗赠时，其接受遗赠的权利还可以转移给他的继承人。受遗赠人应当在知道受遗赠后两个月内，作出接受或者放弃受遗赠的表示。如果到期没有表示的，视为放弃受遗赠，其受遗赠的财产依法由其他遗嘱继承人或法定继承人依法继承。

（4）遗嘱执行人应按遗嘱指定的内容执行遗嘱，如遗嘱内容不具体的，其有权召集遗嘱继承人、法定继承人进行协商，协商不成的，可以通过司法途径解决。

友情提示

遗嘱执行人为执行遗嘱事务，管理遗产所花费用，有权要求遗嘱继承人或受遗赠人予以补偿。如果遗嘱继承人或受遗赠人不同意的，遗嘱执行人可以变卖遗产从中受偿。

3. 遗嘱执行人在执行遗嘱时应当享有和承担哪些权利义务？

关键词

【遗嘱执行人的权利义务】

有问必答

在遗嘱继承中，遗嘱执行人的作用是不可低估的。如果遗嘱执行人执行遗嘱公平合理，就可以减少和避免遗嘱继承的纠纷，促进当事人之间和睦团结。反之，则会引起纠纷，也不利于遗嘱人达到订立遗嘱时的目的。因此，在司法实践中，遗嘱执行人享有和承担的权利义务有：

（一）查明遗嘱是否合法真实。这是遗嘱执行人的首要职责。因为无效的遗嘱、不成立的遗嘱都不能执行。因此，遗嘱执行人要执行遗嘱时，应审查遗嘱内容的合法性、真实性。例如，王某生前立有一份遗嘱，并指定村委会主任李某为遗嘱执行人。在继承开始时，李某发现遗嘱中，王某将所有财产全部捐给国家，没有给丧失劳动能力又无生活来源的儿子留有必要的财产，便认定该遗嘱无效。

（二）清理遗产。遗嘱执行人应查清遗产的名称、数量、地点、价值等状况。尽管遗嘱人在遗嘱中对其财产一般有具体的说明，但一方面，有些遗嘱人在设立遗嘱后，遗产的状况可能会发生一定的变化；另一方面遗嘱执行人也有必要查清遗产的状况，以防止遗产的占有人隐匿、霸占遗产。所以，清理遗产是遗嘱执行人的一项重要权利义务。例如，韩某在临终前立下一份遗嘱，指定好友殷某为遗嘱执行人，殷某对遗嘱中列明的财产要进行清点。

（三）管理遗产。遗嘱执行人有管理遗产的权利和义务。若遗嘱中对遗产的管理有要求的，遗嘱执行人应当按照遗嘱中的要求管理遗产。遗嘱中对遗产的管理没有提出要求的，遗嘱执行人对遗产的管理以执行遗嘱的必要为限。例如，防止遗产的毁损、灭失、被盗等。

（四）召集全体遗嘱继承人和受遗赠人并公开遗嘱内容。在继承开始时，遗嘱执行人应当将遗嘱中涉及到的遗嘱继承人召集到一起，公开宣读遗嘱的内容，并对涉及到的遗产是否存在、是否完整等情况作出说明。

（五）按照遗嘱的内容执行遗赠和将遗产最终转移遗嘱继承人。遗嘱执行人有将遗嘱中处分的遗产转交给有关继承人的权利和义务。遗嘱人在遗嘱中遗赠的财产，应由遗嘱执行人交付给受遗赠人。

（六）排除各种妨碍。遗嘱执行人执行遗嘱时，任何人不得妨碍。不论干涉和妨碍是来自继承人还是来自其他人，遗嘱执行人都有权排除，必要时可以请求人民法院给予保护。

为了方便了解上述问题，我们看生活中这样一则案例：路某因患重病被送进医院，在住院期间，路某一直由妻子周某和侄女小兰照顾，其儿子从未去探望过。路某自知将不久于人世，就立下一份遗嘱，表明房产及10万元存款中的5万元由妻子周某继承，另外5万元存款由小兰继承，并指定自己原所在单位为遗嘱执行人。不久，路某去世。路某原单位便委派一领导前来执行遗嘱，先是按照遗嘱清点财产，并派他人看管，然后当着周某及小兰的面宣读遗嘱。此时，路某的儿子要求继承父亲的遗产，与其母亲进行激烈争吵。路某原单位的人员在对路某的儿子说服无效的情况下，请求法院给予帮助。最终在法院的保护下，使遗嘱得以顺利地执行。

友情提示

这里要提醒遗嘱执行人，遗嘱执行并不是一件简单的事情，必须要做到坚持正义、周到耐心，从而保证遗嘱能够顺利执行，以实现遗嘱人立遗嘱时的愿望。

第四章 遗赠与遗赠抚养协议

第一节 遗赠的法律效力

1. 遗赠在什么时候才能生效?

关键词

【遗赠的生效时间】

有问必答

我们都知道遗嘱继承是从被继承人死亡之后才开始生效的，那么遗赠的生效时间是从什么时候开始的，我们从以下几个方面来具体分析：

第一，我国法律对遗赠的规定。遗赠，就是公民以遗嘱的方式表示在其死后将其遗产的一部分或全部赠送给国家、集体组织、社会团体或者法定继承人外的人的法律行为。立遗嘱人为遗赠人，接受遗赠的人为受遗赠人。我国《继承法》第16条第3款规定："公民可以立遗嘱将个人财产赠给国家、集体或者法定继承人以外的人。"

第二，遗赠的生效时间。遗赠是遗嘱继承的一种特殊形式，遗嘱至遗嘱人死亡时生效，遗赠也是如此。一般来说，遗赠虽是遗赠人生前作出的意思表示，但只有在遗赠人死亡后才能发生法律效力。如果受遗赠人在遗赠人之前死亡的，就不能成为受遗赠人，遗赠就不生效。如果在继承开始后，受遗赠人表示接受遗赠，并于遗产分割前死亡的，其接受遗赠的权利可以转移给他的继承人。因此，上述所说的"生效"，就是受遗赠人可以接受遗赠。

我们列举一个案例说明这个问题：老王虽有一亲生儿子，但是却对老王不管不问，尽赡养义务的是侄子小王，老王看在眼里记在心里，想把自己的8间平房在死后留给小王，于是立下遗嘱明确规定将8间平房赠给侄子小王。老王死后，小王要求接受老王遗赠的财产，却遭到老王儿子的反对。他认为该遗嘱是无效的，房屋应当由他继承。小王不服，向法院起诉，人民法院经调查核实，根据法律规定，认定小王有接受遗赠的权利。

友情提示

在此提醒注意：如果他人作出将自己财产遗赠给您的意思表示，您一定要在知道自己受遗赠时起2个月内作出接受遗赠的表示，否则法律上就认为您放弃了接受遗赠，您也就没有要求他人交付遗赠物的权利了。

2. 遗赠在哪些情况下会失效？

关键词

【遗赠失效的原因】

有问必答

在实际生活中，并非所有的遗赠都会产生法律效力，根据我国《继承法》及相关司法解释的规定，也可能由于下列原因而导致遗赠丧失法律效力：

第一，受遗赠人丧失接受遗赠的权利。受遗赠人与遗嘱继承人一样，可能因为犯有侵害遗赠人和其他继承人的人身权利以及其他严重的不道德行为、违法行为而丧失接受遗赠的权利，但这种丧失接受遗赠的权利是指公民而言，法人不会发生这个问题。根据我国《继承法》第7条的规定，以下几种情况，受遗赠人会丧失受遗赠权：(1) 故意杀害遗赠人的；(2) 为争夺遗赠财产而杀害其他继承人的；(3) 伪造、篡改或者销毁遗嘱，情节严重的。此外，由于遗赠人在死亡之前可以随时随地的变更或撤销遗赠，受遗赠人对遗赠人如有严重不道德或严重违法行为时，遗赠人一般都会通过遗嘱变更或撤销的方式予以解决。

有这样一个案例：老石有一个儿子小石，在外地做生意，很少回来。老石一直由侄子小李照顾。老石在临终前留下遗嘱，将其所有一幢楼房的一层两间门市房赠给小李，其余的房产归小石。在老石去世后，小李为了独占该楼房，下毒将小石毒死，后被检察院以故意杀人罪提起公诉，经人民法院审理，剥夺了小李接受遗赠该楼房门市房的权利。

第二，受遗赠人死亡或宣告死亡。我国《继承法》第27条第（三）项规定："遗嘱继承人、受遗赠人先于遗嘱人死亡的，遗产中的有关部分按照法定继承办理。"据此，受遗赠人在遗嘱尚未发生法律效力之前死亡，即受遗赠人先于遗赠人死亡。那么，由于受遗赠人已不复存在，因此遗赠人在该遗嘱中关于财产的遗赠，理所当然不发生法律效力，受遗赠人的继承人不能代替受遗赠人接受遗赠，而遗赠人指定受遗赠人的继承人或他人为补充受遗赠人的除外。如果在继承开始后，受遗赠人表示接受遗赠，并于遗产分割前死亡的，其接受遗赠的权利可以转移给他的继承人。

举一个案例来说明上述情况：秦某一生未娶，在他病重期间，写下一份书面遗嘱，表示在他死后，把五间平房、1万元存款，以及其他的家用品赠给外甥狄某。不久，狄某因车祸去世，接着秦某也病重去世。村委会在料理秦某的丧事后，准备将这笔遗产收归村组织所有。这时，狄某的妻子黄某以该笔遗产在秦某生前已经明确遗赠给其丈夫为由，提出自己作为受赠人的妻子，应当接受这笔财产。村委会认为不妥，未将这笔财产给黄某。黄某不服，请求乡司法所调解。经过乡司法所的调查核实，受遗赠人狄某先于遗赠人秦某死亡，根据我国《继承法》第 32 条的规定，秦某遗赠给狄某的财产未成立，其遗产变成了无人继承又无人受遗赠的遗产，应当归村组织所有。

第三，遗赠物已经不属于遗产范围的处理。遗赠的标的物有种类物（如钱）和特定物（如房子）之分。遗赠人以种类物作为遗赠标的物的，只要存在该种类物，遗赠人死亡后该遗赠产生法律效力。但以特定物为遗赠时，继承开始后如果遗赠人所遗留的财产中已经没有该特定物，如遗赠人生前已将该物转让他人或因不可抗力灭失等，则该遗赠因失去特定物而无效。并且遗赠物的范围仅限于遗赠人自己所有的财产和财产权的转让，人身权利是不能转让的。

举一个案例来说明上述情况：老蔡将其三间房子赠给侄子小蔡，但是后来由于房屋年久失修，有一间房倒塌，那么倒塌的那间房就不属于遗产的范围，但是另外两间房，其遗赠仍然有效，应当归受遗赠人小蔡所有。

友情提示

在此提醒注意以下几个方面：第一，受遗赠权虽然受到法律保护，但是当事人在取得受遗赠权的同时，不要做违法或违反公共道德的事，否则会丧失受遗赠权。第二，由于我国大多数农民朋友的法律意识不强，为了争夺遗产而发生伪造、篡改或者销毁遗嘱的情况，甚至出现杀害遗赠人、受遗赠人和继承人的情况，这些不仅是严重的违法犯罪，更会对家人及子女的成长带来难以磨灭的伤害。

3. 遗赠物不存在可否要求用其他遗产代替？

关键词

【遗赠物的代替】

有问必答

由于种种原因导致遗赠物已不复存在，那么受遗赠人是否可以要求以遗赠人的其他遗产作为代替物，我们从以下几个方面来分析：

（一）遗赠物的种类。遗赠物分为可以代替物（即种类物）和不可代替物（即特定物）。

（1）如果遗赠人以种类物遗赠时，则以数量、品种、质量相同的物或金钱遗赠即可。例如，遗赠人以1000斤谷子和5000元人民币为遗赠物均属于种类物的遗赠。如果在继承开始时，指定1000斤谷子和5000元人民币不存在了，可以用另外的1000斤谷子和5000元人民币代替，该遗赠是有效的。

（2）但是如果以特定物（比如房屋）为遗赠时，继承开始时，遗赠人所遗留的财产中已经没有该特定物（比如遗赠人在生前已经转让给他人，或者被国家征用，或者因遇到不可抗拒的天灾将此特定物毁灭等），该特定物就不能以其他物代替。因此，该特定物的遗赠也就失去了法律效力。

为了方便了解上述问题，我们看生活中这样一则案例：老陈在临终前留下遗嘱，将自己的西屋赠给侄子小刚，但是老陈死后不久，遗赠给小刚的西屋被风吹倒的大树砸坏。于是，小刚提出用东屋代替的要求。但东屋已经由老陈的儿子小陈继承了，不愿交出。为此，双方产生纠纷后经过村委会的调解也未能解决。无奈之下，小陈将小刚告上法庭。经法庭审理，认为老陈遗赠的西屋是特定物，是不可代替的。因此，小刚要求用东屋代替西屋的要求是不合理的，故法院不予支持。

（二）不可代替的遗赠物不存在时所发生的效力。如果不可代替的遗赠物全部不存在时，则该遗赠就全部无效；如果该遗赠物部分不存在时，只有不存在的部分遗赠无效，存在的部分遗赠是有法律效力的，受赠人是可以要求接受存在的遗赠物。

现实中这样一个案例：老刘在生前立遗嘱说，将其祖传的两个花瓶遗赠给国家。但当老陈死亡时，已将其中一个卖给古董商李某，后来市博物馆要求李某返还该花瓶，并将李某起诉到人民法院。法院经审理认为，已经卖出的花瓶，不属于遗产的范围，此遗赠已失去了效力。因此，市博物馆无权要求李某返还花瓶。

友情提示

在通常情况下，遗赠人在订立遗嘱时，只能就现有财产进行遗赠。这种现有财产包括它必须产生的孳息，如银行存款的利息、果树结的果实、牛生的小牛等。但是，作为受遗人接受的遗赠物只能是继承开始时的实际遗产。

第二节 遗赠标的物变更后所产生的权利归属

1. 遗赠物被他人毁损后的经济补偿的权利归谁？

关键词

【遗赠物变更的请求权】

有问必答

遗赠物在没有交付给受遗赠人以前，常有可能遇到不可抗力（如天灾、地震、战争等）或者因遗赠人的行为（比如卖给他人）、遗赠人以外的人的行为而使遗赠物灭失、损毁、变更或遗赠人丧失对该物的占有。如果由于不可抗力或者遗赠人本人的行为而使遗赠物灭失、损毁、变更等，则不可能对他人取得什么权利。但是如果因为他人的行为而使得遗赠物灭失、损毁、变更等，则遗赠人可以因此而取得赔偿权利。具体我们分析如下：

第一，遗赠人对其财产享有的权利。我国《民法通则》第 71 条规定："财产所有权是指所有人依法对自己的财产享有占有、使用、收益和处分的权利。"据此可知，每个人对其所有的财产都享有所有权，即占有、使用、收益和处分财产的权利。遗赠人将其财产遗赠给他人的行为就是对其合法财产的处分。这里所说的"财产"包括：合法收入、房屋、储蓄、生活用品、文物、图书资料、林木、牲畜和法律允许公民所有的生产资料以及其他合法财产。

第二，遗赠物被他人毁损，受遗赠人可以请求赔偿的情况。法律是保护每个人的财产所有权的。如果其财产被他人损坏、毁灭时，根据《民法通则》第 117 条的规定，损坏他人财产的，财产所有人有请求他人赔偿的权利。如果遗赠人在立遗嘱以后，遗赠物被他人毁损的，这时，遗赠人丧失了该遗赠物的所有权，而取得了请求赔偿该遗赠物的权利。遗赠人死亡后，法律上应当推定赔偿请求权为遗赠标的，受遗赠人可以请求损害人赔偿该遗赠物的权利。

现实生活中有这样一则案例：老孙在健在时立遗嘱言明，将其果园遗赠给村委会。但在老孙死亡前，该果林已被附近的一家化工厂排放的废弃物严重污染，导致果树不结果实，老孙在向法院起诉要求化工厂赔偿的过程中，因病去世。后来村委会又以取得请求赔偿权要求化工厂赔偿，但是化工厂以老孙去世，其遗赠的只是果园，而不是请求赔偿果园的权利，拒绝赔偿。法院经审理认为，化工厂排放的废弃物是导致果树不结果实的主要原因，并且老孙已将果园遗赠给村委会，在老孙死亡后，其请求化工厂赔偿的权利也已遗赠给村委会，化工厂应当向村委会承担赔偿责任。

友情提示

如果该遗赠物被他人损坏的赔偿金已被遗赠人领取，这种情况说明遗赠人不再将该遗赠物遗赠给受遗赠人，视为遗赠人对遗赠的撤销，受遗赠人也无权要求遗赠人返还赔偿金。

第三节 遗赠抚养协议

1. 孤寡老人能否与他人签订生养死葬的协议？

关键词

【遗赠扶养协议】

有问必答

在我国广大农村中，常有一些孤寡老人与扶养人（法定继承人以外的人或集体所有制组织）签订协议，规定由扶养人承担孤寡老人生养死葬的义务，而扶养人则享有受遗赠的权利，这种协议是否有效？这涉及到我国继承法上的有关遗赠扶养协议的问题。我们从以下几个方面具体介绍：

第一，我国《继承法》对遗赠扶养协议的规定。我国《继承法》第31条规定："公民可以与扶养人签订遗赠扶养协议。按照协议，扶养人承担该公民生养死葬的义务，享有受遗赠的权利。公民可以与集体所有制组织签订遗赠扶养协议。按照协议，集体所有制组织承担该公民生养死葬的义务，享有受遗赠的权利。”据此，公民（遗赠人、受扶养人）可以与扶养人、集体所有制组织签订生养死葬的遗赠扶养协议，毕竟遗赠扶养协议是一种双方的、有偿的法律行为，即扶养人、集体所有制组织承担受扶养人生养死葬的义务，由扶养人享有受遗赠的权利，任何一方享受权利都是以履行一定的义务为对价的。扶养人不履行对受扶养人的生养死葬义务，则不能享有受遗赠的权利；受扶养人不将自己的财产遗赠给扶养人，也不享有要求扶养人扶养的权利。

现实生活中有这样一则案例：邵某有一个儿子，但不对其尽赡养义务，还经常对其打骂。为了安度晚年，邵某向邻居陈某提出自己的扶养意向，双方签订了一份“遗赠扶养协议”。邵某的儿子知道后，认为邵某有继承人，不能与他人签订遗赠扶养协议。于是向人民法院申请撤销该协议。法院经审理认为，公民有与继承人以外的人签订生养死葬协议的权利，因此依法驳回了邵某儿子的诉讼请求。

第二，可以签订遗赠扶养协议的公民。受扶养人必须是具有完全民事行为能力、有一定可遗赠的财产、并需要他人扶养的公民。一般来说，受扶养人是缺乏劳动能力又缺乏生活来源的鳏寡孤独的“五保户”老人，或子女不在身边、独立生活存在困难而需要他人照顾的老人。扶养人必须是受扶养人法定继承人以外的公民或组织，并具有完全民事行为能力、能履行扶养义务的公民。所以，扶养人可以是受扶养人的亲朋好友、邻居，也可以是集体所有制组织。但作为扶养人的公民不能是法定继承人范围内的人，因为法定继承人与受扶养人之间本来就有法定的扶养权利义务关系。

友情提示

要注意的是，签订遗赠扶养协议应当采用书面形式为好，空口无凭，双方应在协议上签名或盖章，并注明协议签订的年、月、日。如认为有必要，还可以到公证机关进行公证，或者请当地村民委员会的负责人到场作证。

2. 子女能否成为遗赠扶养协议的扶养人？

关键词

【遗赠扶养协议的主体】

有问必答

孝敬父母、赡养父母是中华民族几千年来的传统美德。是每个做子女的义务，而不是一种可以选择的权利。因此，子女不能成为遗赠扶养协议中的扶养人，因为子女具有法定赡养父母的义务，用不着以协议的形式来确定。

（一）子女与父母之间的关系。我国《婚姻法》第 21 条规定："父母对子女有抚养教育的义务，子女对父母有赡养扶助的义务。父母不履行抚养义务时，未成年的或不能独立生活的子女，有要求父母付给抚养费的权利。子女不履行赡养义务时，无劳动能力的或生活困难的父母，有要求子女付给赡养费的权利。"因此，在子女未成年时，父母有抚养子女的义务；在父母年老时，子女有赡养父母的义务，父母与子女之间的权利义务关系是法律强制性的，是无条件的，是不可以随意改变的。

（二）子女与父母之间的遗赠扶养协议无效。根据《婚姻法》第 21 条的规定可知，子女具有赡养父母的义务，不能把接受遗赠作为履行赡养父母的条件。子女以签订遗赠扶养协议作为赡养父母的条件是我国法律所不允许的，并且也是伦理道德不能容许的，因此所签订的遗赠扶养协议是无效的。

现实生活中有这样一则案例：王某有两个儿子，自己年事已高要求儿子赡养时，大儿子小刚不但不尽赡养义务，反而还打骂王某。二儿子小明虽然表示可以赡养王某，但与王某签订了一份关于“王某生养死葬由小明承担，死后王某所有的遗产都给小明”的协议。从此，小明就承担起照顾王某的责任。两年后，王某去世，其丧葬费用也是小明承担的。随后，小刚提出小明与王某签订的协议无效，遗产应当由小明与小刚平分。最终二人产生纠纷，并诉到法庭，法院经审理认为，王某与小明的遗赠扶养协议无效，其遗产应按法定继承处理。但根据《继承法》第13条的规定，小刚因未尽赡养义务，并且有打骂王某的现象，其无权分得遗产。

友情提示

父母含辛茹苦把子女抚养成人，待他们丧失劳动能力时，作为子女应当对其尽到赡养的义务，而不是有条件的与父母签订遗赠扶养协议才去尽孝道，这是我国法律和伦理道德都不提倡的，也是一种可耻的行为。

3. 签订遗赠扶养协议后能否反悔？

关键词

【遗赠扶养协议的解除】

有问必答

由于遗赠扶养协议具有合同的性质，双方一旦达成协议，任何一方不能随意取消。但是，如果一方不履行自己应尽的义务，另一方就有权提出解除他们之间的遗赠扶养协议。现从以下几点进行具体分析：

（一）遗赠扶养协议一经签订，双方必须认真履行各自的义务。遗赠扶养协议是双务有偿合同，协议双方都享有一定的权利，同时又都负有一定的义务，双方的权利义务具有对应性。具体表现在：

（1）受扶养人应当履行将其财产遗赠给扶养人的义务。受扶养人对协议中指明遗赠给扶养人的财产，在其生前可以享有占有、使用和收益的权利，但不能擅自处分（如出卖、交换、赠与等），因为这样会影响遗赠的执行，使扶养人无法实现受遗赠的权利。如果遗赠的财产因此而灭失，扶养人有权要求解除遗赠扶养协议，并要求受扶养人补偿其已经支出的扶养费用。

（2）扶养人必须认真履行扶养义务。扶养人应当对受扶养人给予生活上照料和扶助，并在受扶养人死亡后负责办理受扶养人的丧事。如果扶养人不尽扶养义务，受扶养人可以解除协议。如果协议未解除，对不尽抚养义务或者以非法手段谋取受扶养人的财产，经受扶养人的亲属或有关单位请求，人民法院可以剥夺扶养人的受遗赠权。如果扶养人不认真履行扶养义务，致使受扶养人经常处于生活困难、缺乏照料的情况时，人民法院可以酌情对遗赠财产的数额给予限制。

（二）不履行遗赠扶养协议义务的法律后果。最高人民法院《关于贯彻执行<中华人民共和国继承法>若干问题的意见》第56条规定："扶养人或集体组织与公民订有遗赠扶养协议，扶养人或集体组织无正当理由不履行，致协议解除的，不能享有受遗赠的权利，其支付的供养费用一般不予补偿；遗赠人无正当理由不履行，致协议解除的，则应偿还扶养人或集体组织已支付的供养费用。"据此，在遗赠扶养协议的履行期间，如因一方反悔而使协议解除时，便发生两种法律后果：一是扶养人无正当理由不履行协议规定的义务，导致协议解除的，不能享受遗赠的权利，已支付的扶养费用，也不予补偿。二是受扶养人无正当理由不履行协议，致使协议解除的，则应适当偿还扶养人已支付的扶养费用。

为了方便了解上述问题，我们列举这样一则案例予以说明：邵某早年丧夫，无子女，因年事已高，担心自己以后的生活。为了能够安度晚年，在村委会的撮合下，与陈某签订了一份“遗赠扶养协议”。约定，邵某随陈某生活，由陈某对邵某尽生养死葬义务，邵某所有的财产归陈某所有。协议签订后，邵某住到陈某家中。但这之后，邵某认为陈某并未像签订协议时作出的承诺那样对待她，要求解除双方签订的协议，在村委会调解无果后，向法院起诉。在法院的主持下，双方达成调解协议，解除遗赠扶养协议。

友情提示

遗赠人与扶养人之间往往不具有血缘关系。在现实生活中，一些扶养人签订遗赠扶养协议的目的也只是为了获得遗赠人的财产，在扶养一段时间后，态度就不如刚签订协议时好；而遗赠人比较敏感，扶养人态度稍有不好，就会怀疑扶养人签订协议的动机是为了财产，最终导致遗赠扶养协议的解除。为了更好发挥遗赠扶养协议的作用，双方在协议中应将扶养义务的标准制订详细，平时注重感情投入，减少纠纷（如向被扶养人借钱等）。另外，随着时代的发展，老年人去养老院也是一种安度晚年的好方式。

4. 遗嘱与遗赠扶养协议同时存在应当如何处理？

关键词

【遗赠扶养协议的优先性】

有问必答

在现实生活中，有时可能出现这样一种情况，即死者生前与扶养人订立了遗赠扶养协议，但事后又在临死前单方面改变主意，亲自书写了遗嘱，将其死后的遗产赠与他人。在这种情况下，我们应当从以下几个方面进行分析：

（一）遗赠扶养协议的法律效力优先于法定继承和遗嘱继承及遗赠。我国《继承法》第5条规定“继承开始后，按照法定继承办理；有遗嘱的，按照遗嘱继承或者遗赠办理；有遗赠扶养协议的，按照协议办理。”据此表明，在财产继承中，如果各种继承方式并存，应首先执行遗赠扶养协议，其次是遗嘱继承和遗赠，最后才是法定继承。这是因为：

（1）遗嘱、遗赠只是遗嘱人单方作出的意思表示。而遗赠扶养协议是受扶养人和扶养人双方经过协商，达成一致的协议，是一种合同关系。

（2）遗嘱继承或遗赠一般是无偿的财产让与。而遗赠扶养协议是有偿的，是以扶养人所尽的扶养义务为前提的。

（3）遗嘱或遗赠发生法律效力的时间于被继承人死亡时开始。而遗赠扶养协议发生法律效力的时间是从协议成立之日开始的，扶养人就已经开始承担扶养受扶养人的义务，而受扶养人死亡则恰恰是扶养义务的终结。

现列举一案例来说明这个问题：柯老太早年丧夫，含辛茹苦将一对儿女抚养成人。然而，儿子朱某经常打骂虐待母亲；女儿远嫁他乡，也无法照料母亲。后在村委会主任的提议下，柯老太与侄女林某订立了一份遗赠扶养协议。协议规定，柯老太的生养死葬由林某负责，其6间住房及5000元存款，在其去世后归林某所有。自协议订立之日起，林某将柯老太当作自己的母亲一样伺候。柯老太去世后，朱某认为母亲的一切遗产都应由自己继承，为此，与林某产生纠纷。后经法院审理认为，柯老太生前与林某订有“遗赠扶养协议”，且林某已经尽到扶养义务，依法应予确认。据此，根据《继承法》第5条的规定，判决协议所约定的财产归林某所有。

（二）遗赠扶养协议和遗嘱同时存在的处理。最高人民法院《关于贯彻执行〈中华人民共和国继承法〉若干问题的意见》第5条规定:“被继承人生前与他人订有遗赠扶养协议，同时又立有遗嘱的，继承开始后，如果遗赠扶养协议与遗嘱没有抵触，遗产分别按协议和遗嘱处理；如果有抵触，按协议处理，与协议抵触的遗嘱全部或部分无效。”据此，在被继承人死亡后，既留有遗嘱又留有遗赠扶养协议时，如果遗嘱的内容与遗赠扶养协议的内容各不相同，互不冲突的，就按照协议和遗嘱的内容进行分别处理。如果遗嘱与遗赠扶养协议中有相同内容的，那么遗嘱中相同的部分无效，应当按协议的内容处理。

列举一案例来说明这个问题:唐某早年丧妻一直未娶，也没有儿女，但手中攒有不少的钱财。为了能够让自己安度晚年，就与邻居黄某达成协议，由黄某照顾他，并负责办理他的后事，待他死后，将6间房屋及8万元存款赠给黄某。随后，黄某对唐某照顾得无微不至，唐某对此也感到满意。后来，唐某在病重时又立下一份遗嘱，表明自己死后6

间房归黄某所有，8万元存款捐给村小学。唐某去世后，黄某与村小学产生纠纷，并诉诸法院。后经法院审理，依法判决6间房屋及8万元存款都归黄某所有。

友情提示

遗赠扶养协议虽然能够起到赡养老人、扶助病残者、未成年人的作用，但是待受扶养人去世后，随之而来的就有可能产生遗产的争夺问题。因此，当事人在签订遗赠扶养协议时应当慎重，特别是双方的权利和义务、赠与的财产等应细之又细。

5. 怎样才能使遗赠扶养协议更具有法律效力？

关键词

【遗赠扶养协议公证】

有问必答

遗赠扶养协议是受扶养人与扶养人之间订立的关于扶养人承担受扶养人生养死葬的义务、受扶养人的财产在其死后转归扶养人所有的协议。该协议的成立必须在双方当事人平等协商、取得一致意见的基础上进行，其具有合同的性质。虽然双方可以以口头形式订立，但是口说无凭，最好是以书面形式签订。协议签订后还可以到有关部门进行公证，这就使遗赠扶养协议更具有法律效力。以下我们来具体讲讲如何办理遗赠扶养协议公证：

第一，我国法律对遗赠扶养协议公证的规定。《遗赠扶养协议公证细则》第3条规定："遗赠扶养协议公证是公证处依法证明当事人签订遗赠扶养协议真实、合法的行为。"这表明，办理遗赠扶养协议是有法可依的，我国法律对合法的遗赠扶养协议给予保护。

第二，办理遗赠扶养协议公证的地方。《遗赠扶养协议公证细则》第6条规定："遗赠扶养协议公证，由遗赠人或扶养人的住所地公证处受理。"该细则第7条又规定："办理遗赠扶养协议公证，当事人双方应亲自到公证处提出申请，遗赠人确有困难，公证人员可到其居住地办理。"据此，受扶养人与扶养人双方应当共同到任意一方住所地的公证机关办理遗赠扶养协议公证，不得委托办理，如果受扶养人因身体等原因无法亲自到公证机关办理公证的，公证人员可以上门给予办理。

第三，办理遗赠扶养协议公证需要交纳的证明、材料。申办遗赠扶养协议公证，当事人应向公证处提交以下证件和材料：(1) 当事人遗赠扶养协议公证申请表。(2) 当事人的居民身份证或其他身份证明。(3) 扶养人为组织的，应提交资格证明、法定代表人身份证明，代理人应提交授权委托书。(4) 村民委员会出具的遗赠人的家庭成员情况证明。(5) 遗赠财产清单和所有权证明。(6) 村民委员会出具的扶养人的经济情况和家庭成员情况证明；(7) 扶养人有配偶的，应提交其配偶同意订立遗赠扶养协议的书面意见。(8) 遗赠扶养协议。(9) 公证人员认为应当提交的其他材料。

第四，办理遗赠扶养协议公证的好处。办理遗赠扶养协议公证有助于完善该协议，增强遗赠扶养协议的法律约束力，促进遗赠扶养协议正确履行，预防纠纷，减少诉讼，保护双方当事人的合法权益。

现实生活中有这样一则案例：李老汉夫妇共有两儿一女，但是真正关心他们是侄女小梅。李老汉夫妇打算将现在的住房遗赠给小梅，但是又怕他们夫妻俩百年之后，子女们找小梅的麻烦。于是他们准备与小梅订立遗赠扶养协议，将自己的房屋及存款赠给小梅，听说最好能够办理遗赠抚养协议公证更具有法律效力。于是，李老汉夫妇与小梅一同来到县公证处办理了遗赠扶养协议公证。

友情提示

当事人双方签订遗赠扶养协议后，最好对该协议进行公证，因为这样可以避免日后在继承时产生纠纷。

第五章 遗产处理

第一节 继承的开始

1. 什么时候可以开始继承遗产？

关键词

【继承开始的时间】

有问必答

我国《继承法》第2条规定：“继承从被继承人死亡时开始。”据此，确定继承开始的时间，应以被继承人死亡时的时间为准。也就是说，继承人从被继承人死亡时开始继承被继承人的合法所有财产。因此，确定好被继承人死亡时间是继承开始的关键。根据最高人民法院《关于贯彻执行〈中华人民共和国继承法〉若干问题的意见》第1条的规定，公民的死亡分为自然死亡和宣告死亡。

（一）自然死亡时间的确定。在实践中，确定公民自然死亡的依据是：（1）医院的死亡诊断书中记载的死亡时间；（2）户籍管理登记手册中记载的死亡时间；（3）死亡证书与户籍登记册记载不一致的，应当以死亡证书为准；（4）继承人对死亡时间有争议的，应当以人民法院查证的时间为准。所以，公民死亡的时间是引起继承法律关系产生的法律事实出现的时间。

（二）公民宣告死亡时间的确定。公民被宣告死亡，应符合以下几个条件：

（1）公民下落不明须达到法定的期间。根据《民法通则》第23条的规定，在一般情况下，公民须下落不明满4年才有权提出宣告死亡申请；但若因意外事故下落不明的，下落不明满2年的就可以提出宣告死亡申请；若因意外事故下落不明，经有关机关证明该公民不可能生存的，不受上述期间的限制。应当注意，公民在战争期间下落不明的，须从战争结束之日起计算，并满4年后才能提出宣告死亡申请。

（2）由利害关系人向最后居住地的人民法院提出申请。根据最高人民法院《关于贯彻执行〈中华人民共和国民法通则〉若干问题的意见（试行）》第24条的规定，申请宣告失踪的利害关系人，包括被申请宣告失踪人的配偶、父母、子女、兄弟姐妹、祖父母、外祖父母、孙子女、外孙子女以及其他与被申请人有民事权利义务关系的人。只有经利害关系人提出宣告死亡申请，人民法院才能依法作出死亡宣告。

（3）须经人民法院依法宣告。人民法院受理宣告死亡的案件后，应当及时发出查找失踪人的公告。公告期间为1年，但因意外事故下落不明，经有关机关证明该公民不可能生存的，公告期间为3个月。公告期满，人民法院可根据案件事实作出宣告死亡的判决或者驳回申请的判决。被宣告人死亡的，宣告判决之日为其死亡的日期。

为便于理解上述问题，列举一例：蒲某自2000年4月外出打工至2005年底都没有任何消息。后来蒲某的妻子便与其父母开始商量分割其遗产。显然这种做法是不正确的，因为蒲某的妻子与父母虽然可以继承蒲某的遗产，但是该继承还没有开始。像他们这种情况，只有其妻子或其父母在向蒲某当地人民法院申请宣告死亡、并经过人民法院受理并公告1年后，经过人民法院宣告死亡之日起，他们才能开始继承蒲某的合法财产。

友情提示

这里应当注意，继承是不可以提前的，必须从被继承人死亡时开始。不能在被继承人生前就继承其财产。

2. 谁负有在被继承人死亡后通知其他继承人的义务？

关键词

【继承开始的通知】

有问必答

生活中，所有享有继承权的人都有权利参与继承，而参与继承的前提就是知道该继承已经开始。如果继承人根本不知道被继承人死亡，则无法参与继承，也不能对其继承权进行处分。因此，通知继承人参加继承就显得很重要。我们现从以下几个方面进行分析：

（一）负有继承开始通知义务的人。根据我国《继承法》第 23 条及最高人民法院《关于贯彻执行〈中华人民共和国继承法〉若干问题的意见》第 44 条的规定，被继承人死亡后，负有通知继承人继承开始义务的人员有：

（1）知道被继承人死亡的继承人，即知道被继承人死亡的继承人应当及时将继承开始的事实通知其他继承人和遗嘱执行人。

（2）如果继承人中无人知道被继承人死亡或者虽然知道被继承人死亡而不能通知的（如无民事行为能力），则由被继承人生前所在单位或者住所地的居民委员会、村民委员会负有通知其他继承人的义务。

（3）人民法院在审理继承案件时，也有义务通知不知道继承开始的继承人、遗嘱执行人或者受遗赠人。

（二）通知继承人的方式。我国继承法对通知继承人的方式，并没有作出具体和详细的规定，但在实际生活中，通常采取书信、电话、电报、捎口信以及登报公告等形式进行通知。

（三）未通知其他继承人的法律后果。从上面分析可知，通知其他不知道继承开始的继承人是一项法律规定的义务。任何继承人均不得在其他继承人或受遗赠人没有全部到场的情况下单独行使对遗产的任何继承权利。如果继承人背着其他继承人或受遗赠人擅自分割或处分遗产的，属于侵犯其他继承人继承权的行为，该遗产的分割是无效的，如果造成其他继承人损失的，应当承担赔偿责任。

现实生活中有这样一则案例：张某夫妇有一个儿子小可，17岁外出打工一直未归。在这期间张某因病去世，张某的妻子周某认为小可从小就不听话，并且外出打工多年也从未寄一分钱回家，怕小可知道张某去世后与其争夺财产。于是没有将张某去世一事告诉小可，后来带着张某的遗产远嫁他乡。小可知道后，找到周某要求返还其应得的遗产。后经村委会调解，周某返还了小可应得的那部分遗产。

第二节 遗产的保管

1. 哪些人可以保管遗产？

关键词

【遗产保管人的确定】

有问必答

在继承开始后，原属于被继承人的一切财产都转归继承人所有，但在遗产分割前，由于遗产到底归谁还未确定，如果不对遗产加以保管，就可能会使遗产遭受不应有的损害。那么，谁应当保管该遗产呢？这就涉及到遗产保管人应当如何确定的问题，我们从以下两个方面来介绍：

（一）我国法律对遗产的规定。根据我国《继承法》第 3 条的规定，遗产是公民死亡时遗留下来的个人合法财产，包括：（1）公民的收入；（2）公民的房屋、储蓄和生活用品；（3）公民的林木、牲畜和家禽；（4）公民的文物、图书资料；（5）法律允许公民所有的生产资料；（6）公民的著作权、专利权中的财产权利；（7）公民的其他合法财产，即有价证券和履行标的财物的债权等。在此应当注意的是，公民因交通事故或其他意外事故而死亡时，给予受该死者生前抚育、扶助和赡养的家属一定金额的抚恤费和其他生活补助费、补偿金，以及死者的人身保险金，不属于遗产的范围，应当由有关人员直接享有，如死者的配偶。

（二）对于遗产保管人的确定。遗产的保管人是指死者遗产负责保存和管理的人。《继承法》第 24 条规定：“存有遗产的人，应当妥善保管遗产，任何人不得侵吞或者争抢。”最高人民法院《关于贯彻执行〈中华人民共和国继承法〉若干问题的意见》第 44 条规定：“人民法院在审理继承案件时，如果知道有继承人而无法通知的，分割遗产时，要保留其应继承的遗产，并确定该遗产的保管人或保管单位。”根据上述法律规定，被继承人死亡后负有遗产保管义务的保管人，主要有以下几种类型：

（1）首先是存有遗产的人。这里的“存有遗产的人”是指被继承人死亡后，实际控制被继承人合法财产的人。其主要是继承人，当然也包括继承人以外的人。如果被继承人的遗产分散在不同的地方，则分别存有遗产的人都是遗产的保管人。

（2）如果被继承人生前自己占有财产，在继承开始后，应当由知道被继承人死亡的继承人或遗嘱执行人保管。继承人都知道被继承人死亡的，继承人应当共同保管遗产，也可协商由继承人中的一人或数人保管遗产。

（3）没有遗嘱执行人或遗嘱执行人不知道被继承人死亡事实的，继承人中无人知道被继承人死亡或者知道被继承人死亡但无力保管遗产的，或者没有继承人的，遗产应当由被继承人生前所在单位、或者其住所地、遗产所在地的居民委员会、村民委员会负责管理。

现举例说明上述问题：李某有子女五人，都已成家立业，他与大儿子一家生活在农村，其余几个儿女都在不同的城市工作。李某近几年靠养鱼赚了不少钱，今年5月，李某在鱼塘边撒饲料时，突发脑溢血死亡。随后，大儿子将父亲遗留的存款封箱保存，并对鱼塘进行看护，等待其他的几个弟、妹回来一并料理父亲的后事，并分割遗产。本案中，李某的大儿子就属于遗产保管人。

友情提示

确定好遗产保管人有许多好处:（1）能免除遗产因管理不善而损毁、散失现象发生。（2）能避免因责任不明遗产被他人非法侵犯，发生继承纠纷。

2. 遗产保管人私吞或损坏遗产怎么办?

关键词

【遗产保管人的义务】

有问必答

遗产保管人管理遗产的行为应当是代理继承人、受遗赠人管理遗产的行为。虽然我国继承法没有对遗产保管人的权利义务作出详细的规定，但是如果遗产保管人私吞和损坏其保管的遗产，就应当承担一定的法律责任。现从以下几个方面进行分析：

（一）遗产保管人的义务。根据我国《继承法》第24条的规定，遗产保管人负有以下保管遗产的义务：

（1）遗产保管人负有妥善保管遗产的义务；如果遗产保管人对其所保管的遗产漠不关心，怠于履行义务，对遗产缺乏应有的保护而致使遗产遭受毁损、散失的，遗产保管人应当负有赔偿损失的责任。只有这样，才能促使遗产保管人认真保管遗产，维护继承人的合法利益。

（2）在继承人或受遗赠人所在的地址不明，还不知道他是否接受继承或者接受遗赠的时候，有登报公告或通知继承人或受遗赠人的义务，并在公告期届满以前，有拒绝清偿债务和支付遗赠物的义务。

（3）遗产保管人在管理遗产期间，有向继承人、死者的债权人和利害关系人报告管理的义务。

（4）遗产保管人在管理遗产期间，如果有继承人主张继承时，有向继承人移交遗产的义务；如果没有继承人主张继承遗产，经清理税款、债务和交付遗赠后有剩余遗产时，有向国家和集体组织移交遗产的义务。

（二）遗产保管人私吞和损坏遗产的法律后果。《继承法》第24条规定："存有遗产的人，应当妥善保管遗产，任何人不得侵吞或者争抢。"据此，遗产保管人在管理遗产期间，应对遗产妥善保管，非经全体继承人同意，不得使用、处分遗产。保管人擅自侵吞或故意损坏遗产的，继承人、被继承人生前债权人可以协商更换遗产保管人，并要求返还或赔偿损失。如果遗产保管人将遗产供自己使用、消费，应当承担因使用、消费遗产而造成遗产灭失的赔偿责任。

现列举一个案例予以说明：张某有两个儿子，大儿子在家务农，二儿子做生意。去年，张某患病住院，担心自己死后遗产会被大儿子占有变卖，便立遗嘱要求邻居王某帮助看管遗产。张某死后，王某按照遗嘱的规定清点遗产。一天，王某在取暖过程中引起了火灾，把看管的房子给烧了一部分。张某的两个儿子要求王某赔偿，王某以其不是故意的，不予赔偿。最后起诉到人民法院，法院调查经审理认为，王某应该承担赔偿责任。

友情提示

应当注意以下几点：（1）遗产保管人在管理遗产时最好是制作遗产清单，这样既可避免遗产失散，也便于保管和以后清算移交。（2）遗产保管时间不宜过长，过长会造成长期积压，不利于继承人使用，和发展生产。保管的具体期限，一般以六个月为宜。在被保管的遗产中，如有易于腐烂、易于变质的物品，可以先作价出卖，所卖价款，列入遗产。

第三节 遗产的接受和放弃

1. 继承人是否可以放弃其应得的遗产？

关键词

【继承的放弃条件】

有问必答

我国《继承法》第25条第1款规定："继承开始后，继承人放弃继承的，应当在遗产处理前，作出放弃继承的表示……" 据此，继承人在继承开始后，是可以放弃其应当继承的财产，但是其应当具备以下条件：

第一，该继承人必须具备相应的完全民事行为能力，而且这种意思表示应由其本人亲自作出。在我国，凡年满18周岁以上的公民并且精神正常，为完全民事行为能力人。同时对于年满16周岁以上不满18周岁的公民，如果能够以自己的劳动收入为主要生活来源的，可视为完全民事行为能力人。这里所说的“周岁”是以户口登记薄上写明的为准。

第二，该继承人没有必须履行的法定义务。最高人民法院《关于贯彻执行〈中华人民共和国继承法〉若干问题的意见》第46条规定：“继承人因放弃继承权，致其不能履行法定义务的，放弃继承权的行为无效。”这表明，如果继承人作出放弃其所要继承遗产的意思表示时，将会影响偿还他人债务，或者由于不愿承担扶养、抚养、赡养义务等原因而表示放弃继承，这时将会损害他人的合法利益。因此，继承人就不能放弃继承遗产的权利。例如，甲无力抚养自己的子女，其父母死亡后留有遗产，甲若继承遗产则有能力抚育子女，但甲放弃自己的继承权，从而导致其不能履行抚养子女的法定义务，则甲不能放弃继承权。

第三，放弃继承的意思表示必须在继承开始以后（即被继承人死亡之时），遗产处理前作出。继承人只有在此期间内作出放弃继承的表示才有效，否则将被视为接受继承。因为在此之前，继承尚未开始，不存在放弃继承权的问题。

第四，放弃继承的意思表示必须用明示的方式，而不能用默示的方式。最高人民法院《关于贯彻执行〈中华人民共和国继承法〉若干问题的意见》第47条规定：“继承人放弃继承应当以书面形式向其他继承人表示。用口头方式表示放弃继承，本人承认，或有其它充分证据证明的，也应当认定其有效。”据此，继承人只能以书面形式或口头形式向其他继承人和社会公开声明放弃继承权，不参与遗产的继承。如果继承人以口头形式表示放弃继承的须本人承认，并有证据予以证明，如果继承人本人不承认又没有其他证据证明的，则视为继承人没有放弃继承。

为便于了解上述问题，列举一例：刘某为了开商店向周某借款1万元，因没有经验，亏损严重，无力偿还借款。次年，刘某的父亲因脑血栓住院后立下遗嘱，将其存款1万元留给刘某。刘某知道此事后，当即表示放弃继承，决定将1万元给年迈的母亲。刘某的父亲去世后，周某得知后，要求刘某用遗产偿还债务。刘某认为要不要父亲的遗产是自己的事，周某无权干涉。为此产生纠纷，并诉至法院。法院经审理认为，刘某在继承开始前放弃遗产的行为无效，并且刘某放弃遗产后将会导致其不能偿还债务，根据最高人民法院《关于贯彻执行〈中华人民共和国继承法〉若干问题的意见》第46条的规定，周某要求刘某用遗产还债的请求得到法院的支持。

友情提示

在此应当注意：（1）遗产处理后，继承人不能要求返还其已经放弃继承的遗产。（2）放弃继承的遗产应当由其他法定继承人继承，即父母、配偶、子女等。（3）有些人以放弃继承遗产来逃避赡养父母的义务，特别是逃避没有遗产可继承的父母的义务，这是法律和道德所不允许的。

2.他人能代为继承人放弃继承遗产的权利吗?

关键词

【代为放弃继承权的效力】

有问必答

继承权是继承人的一项民事权利，继承人有权将其放弃。但是其他人可不可以代为继承人放弃继承权呢？以下我们就结合法律来进行分析：

第一，能行使继承权的人。18周岁以上且理智健全的公民，和16周岁以上不满18周岁，以自己的劳动收入为主要生活来源的公民可以依法独立行使继承权，既不必征求他人同意，也不受他人干涉。对于无行为能力和限制民事行为能力的人怎样行使继承权，根据我国《继承法》第6条的规定，无行为能力人的继承权、受遗赠权由其法定代理人代为行使，限制民事行为能力人的继承权由法定代理人行使，或者其本人行使但应当征求法定代理人同意。这里的“无行为能力人”包括，不满10周岁的未成年人和不能完全辨认自己行为的精神病人，即间歇性精神病人。“限制民事行为能力人”包括10周岁以上不满18周岁的未成年人和不能辨认自己行为的精神病人。“法定代理人”则是指未成年人、精神病人的监护人。

第二，他人一般不能代替继承人放弃继承权。放弃继承的意思表示必须是具有完全行为能力的继承人本人亲自作出。对于行为能力人和限制行为能力人，最高人民法院《关于贯彻执行〈中华人民共和国继承法〉若干问题的意见》第8条规定：“法定代理人代理被代理人行使继承权、受遗赠权，不得损害被代理人的利益。法定代理人一般不能代理被代理人放弃继承权、受遗赠权。明显损害被代理人利益的，应认定其代理行为无效。”据此，法定代理人在代理行使继承权时，应当以维护被代理人（即限制民事行为的人、无民事行为能力的人）的合法权益为出发点。而放弃继承权、受遗赠权关系到被代理人的切身利益，所以，除放弃继承权有利于被代理人的情形外，一般不能由法定代理人代理。如果法定代理人在代理放弃继承权的过程中有损害被代理人的合法利益，则该代理放弃继承权的行为无效。

现举一案例说明情况：小飞的母亲因不堪生活穷困，在他3岁时，与他父亲离了婚。小飞随父亲生活。后来，小飞的母亲外出打工，在一次交通事故中丧生，留下两万元存款要求小飞继承。小飞的父亲因痛恨其母，决定不要其母一分钱，便代表9岁的小飞放弃继承。后在律师的指点下，小飞的父亲明白了作为小飞的监护人，虽有权代其争取遗产、保管遗产，但不得随意代替放弃继承。更何况，小飞的生活环境并不优越，代为放弃继承已损害到小飞的利益，所以，他这种行为是无效的，小飞应当继承其母的遗产。

友情提示

在这里应当注意的是，以上所说的精神病人不是个人所能认可的，是需要经过医学诊断才能决定是否是精神病人；以上所说的“周岁”是以户口登记薄为准，而不是我们所说的“虚（毛）”岁。

3. 放弃继承遗产的权利就可以不赡养父母吗？

关键词

【放弃继承权的限制】

有问必答

继承人虽然可以放弃继承权，但放弃继承遗产的权利也不是不受任何限制的。不能以不赡养父母、不抚养子女为目的而放弃继承权。我们具体分析如下：

第一，赡养父母是法定的义务。根据我国《婚姻法》第21条的规定，子女对父母有赡养扶助的义务。子女不履行赡养义务时，无劳动能力的或者生活困难的父母，有要求子女给付赡养费的权利。由此可见，子女赡养父母不仅是社会道德的要求，也是法律规定的义务，任何人不得放弃，更不得拒绝履行。

第二，放弃继承权时不可以放弃赡养义务。财产继承权对继承人来说是法律上规定的一项权利，继承人可以根据《继承法》第25条的规定放弃，但是继承人应当履行的义务却不能放弃。最高人民法院《关于贯彻执行〈中华人民共和国继承法〉若干问题的意见》第46条规定："继承人因放弃继承权，致其不能履行法定义务的，放弃继承权的行为无效。"同时《老年人权益保障法》第15条明确规定："赡养人不得以放弃继承权或者其他理由，拒绝履行赡养义务……"据此，子女对父母履行赡养义务，是法定的义务，是无条件的，继承人不能以不赡养老人为条件而放弃继承。

为此我们列举一个案例：几年前，王老太的老伴去世时留下一笔遗产。其两个儿子在分割遗产时，签订了一个协议。约定哥哥放弃继承权，弟弟继承遗产并独自承担赡养母亲的义务。不料，今年王老太忽然得了一场大病，花了近万元医疗费。看着生活日渐拮据的小儿子，于心不忍的王老太找到了大儿子，希望大儿子分担一部分医疗费和生活费，结果大儿子拿着协议以其已经放弃了继承权，应当小儿子赡养为由断然拒绝。于是王老太将其大儿子告上法庭要求支付赡养费。法院经审理认为，大儿子以放弃继承权为条件不履行赡养母亲的义务，既有违于法律，也有悖于情理，因此该协议是无效的，王老太要求其大儿子履行赡养义务是合法合理的。

第三，赡养人以不继承遗产为由而不尽赡养义务的解决办法。如果子女不履行赡养义务，需要赡养的父母可以通过村委会，或者村里比较有威望的人进行调解或者向人民法院提起诉讼。人民法院在处理赡养纠纷时，应当坚持以保护老年人的合法权益为原则，通过调解或者判决使子女依法履行赡养义务。对负有赡养义务而拒绝赡养，情节恶劣构成遗弃罪的，还应当承担刑事责任。

友情提示

在我国农村，由于受经济条件的限制，老年人养老主要依靠子女。父母将子女含辛茹苦的养大，在父母年老生活困难、无劳动能力的情况下，凡有赡养能力的子女，都应当在经济上提供必要的帮助，担负一定的赡养费用。同时，子女更应该注重精神上的赡养，孝敬、体贴、关心父母，使他们在感情上得到慰藉，愉快地安度晚年。

4. 子女能否继承他人遗赠给其父母的遗产？

关键词

【遗赠的接受与放弃】

有问必答

在我国，公民可以以遗嘱的方式将其个人财产赠与法定继承人以外的公民、法人、国家或其他组织。他人应该在合理的期限内作出接受或放弃遗赠的意思表示。如果他人在合理期限内作出了接受遗赠的意思表示，但在分割遗产前死亡的，其继承人是否有权利要求继承遗赠？以下我们结合法律具体分析：

第一，我国法律对遗赠的接受与放弃的期限的规定。受遗赠人放弃和接受遗赠的期限是确定的。我国《继承法》第25条第2款规定："受遗赠人应当在知道受遗赠后两个月内，作出接受或者放弃遗赠的表示。到期没有做出表示的，视为放弃遗赠。"据此可知，受遗赠人应在知道受遗赠后2个月内作出接受或者放弃受遗赠的表示，否则将视为放弃受遗赠。再者，根据《继承法》第2条的规定，遗赠应自遗赠人死亡时开始，所以，在我们生活当中，一般将遗赠人死亡的时间作为受遗赠人知道受遗赠的时间。例如，蒋某的邻居梁某对蒋某有救命之恩。蒋某在临死前立下遗嘱把自己所有的2万元存款赠给梁某。不久蒋某过世。那么，梁某就应当在蒋某过世后两个月内向蒋某的遗嘱执行人作出接受或放弃遗赠的表示。

第二，放弃受遗赠后，该遗赠物应当由其法定继承人继承。我国《继承法》第27条第（一）项规定，遗嘱继承人放弃继承或受遗赠人放弃受遗赠的，按法定继承办理。据此，受遗赠人放弃受遗赠后，遗赠的遗产就由法定继承人继承。如果无法定继承人就应当由国家或集体所有。

第三，子女能继承其父母已接受遗赠的财产。最高人民法院《关于贯彻执行〈中华人民共和国继承法〉若干问题的意见》第53条规定："继承开始后，受遗赠人表示接受遗赠，并于遗产分割前死亡的，其接受遗赠的权利转移给他的继承人。"据此表明，如果父母接受了遗赠，那么在其死后，其子女可以继承遗赠的财产。相反，如果父母没有在合理的期限接受遗赠，那么，子女就无权要求继承遗赠的财产。

根据上述分析，我们列举一个案例来予以说明：冯某与刘某是战友，也是邻居。冯某生前没有子女，多亏了刘某一家人的照顾，为了感恩，其立下一份遗嘱：将其所有的财产都赠给刘某。2008年5月3日，冯某去世。在这之后，刘某一直生病，在生病期间，他叮嘱儿子照看好冯某的房子和家畜。同年8月1日，刘某也病故。刘某的儿子在分割遗产时，将冯某的财产也一并进行了分割。不久这事便被远在他乡的冯某的弟弟得知，遂以刘某已死，其儿子没有隔代继承的权利，要求刘某的儿子退还冯某的财产。后二人协商不成起诉到了人民法院。法院经审理认为，刘某生前叮嘱照看冯某的财产，表明其想要接受遗赠。因此，根据最高人民法院《关于贯彻执行〈中华人民共和国继承法〉若干问题的意见》第53条，刘某的子女有继承该遗赠的权利。

第四节 遗产债务的清偿

1. 继承人继承被继承人遗产后是否应当偿还被继承人生前的债务？

关键词

【遗产债务的清偿责任】

有问必答

在我国遗产继承中，被继承人（包括父母）如果留有债务的，首先应当以被继承人的遗产清偿其生前欠下的个人债务，缴纳其生前应当缴纳的税款，剩下的遗产才能由继承人（包括子女）继承。如果被继承人的遗产被继承人先继承了，那么，继承人应当按照其继承遗产的比例偿还被继承人生前所欠的税款和债务。

第一，继承遗产后，清偿被继承人生前所欠债务，不是无限度的。

我国《继承法》第33条第1款规定："继承遗产应当清偿被继承人依法应当缴纳的税款和债务，缴纳税款和清偿债务以他的遗产实际价值为限。超过遗产实际价值部分，继承人自愿偿还的不在此限。"据此表明，对于被继承人接受遗产后，有偿还被继承人生前所欠的税款和债务的义务，但仅在接受遗产的实际价值范围内负责清偿被继承人债务的义务。对于超出遗产实际价值的债务，可以不负责清偿。例如，黄某承包果园欠下了杨某2万元的债务。今年，他生重病又花光了家里所有的钱，最终因病去世。只留下了价值8000元的房屋。根据上述规定，他的继承人只向杨某偿还8000元的债务就可以了。

第二，如果继承人中有缺乏劳动能力又无生活来源的怎么办？最高人民法院《关于贯彻执行<中华人民共和国继承法>若干问题的意见》第61条规定"继承人中有缺乏劳动能力又没有生活来源的人，即使遗产不足清偿债务，也应为其保留适当遗产，……"由此可见，对于生活困难的缺乏劳动能力的继承人，首先应给他们保留适当遗产，然后再依法清偿债务。

第三，如继承人为多数，应当怎样偿还被继承人生前所欠债务？有多个继承人继承遗产时，各继承人应当分别负责清偿各自承担的遗产债务。这时各继承人对被继承人生前所欠债务负连带责任，即每个继承人都是同一债主的债务人，债主可以请求继承人中的任何一人清偿全部债务，而被要求偿还债务的继承人不能只偿还其继承的部分的遗产债务，拒绝偿还全部债务，其应当在遗产总体实际价值范围内全部清偿债务后，再要求其他继承人就其应当承担的债务份额给予补偿。

以下我们列举一个案例来予以说明：宋某购买了一台二手货车，搞私人短途运输。但由于他积劳成疾，不幸病故。在处理遗产时发现，他的家庭财产包括货车一台价值2万元，平房五间，存款2000元和若干家具、农具，财产总额计价3万元。按照夫妻共同财产分割后，宋某的遗产实际价值为16000元。该遗产分别由宋某的继承人（包括年迈的父、母亲、妻子和已成年的儿子）继承，各得4000元。债主韩某得知后，多次向宋某的四位继承人追索5000元的债款，但他们都以宋某已去世为由拒绝偿还借款，无奈之下，韩某起诉到人民法院。法院经查证认为，宋某的父、母亲属于缺乏劳动能力又无生活来源的，可以免除其债务的偿还，而宋某的妻子和儿子应分别从各自己继承的遗产中取出2500元偿还宋某生前所欠的借款。

友情提示

在我国农村地区，由于长期受到“父债子还”这一说法的影响，认为不管遗产的多少，子女对父母的债务应当全部债还。其实这种观念是错误的，是由于对我国现行法律的不了解造成的。因此，除了政府部门加大法律宣传外，农民朋友们也应当自己多掌握一些法律知识，以便更进一步地保护自己的合法权益。

2. 儿女们能否以留下的遗产不足清偿债务而拒绝偿还父母生前为看病所借的钱？

关键词

【特定遗产债务的清偿】

有问必答

我国继承法虽然规定了继承人只以遗产的实际价值偿还被继承人的债务，但是这只是对被继承人一般的个人债务而言，对于被继承人生前为了继承人上学、结婚，或者是由于继承人有赡养能力而未尽赡养义务，致使被继承人因生活困难所欠的债务等这些特定条件下所产生的遗产债务的清偿，则不能以遗产实际价值来偿还。

第一，赡养父母是法律规定的义务。根据我国《婚姻法》第21条的规定，子女对父母有赡养扶助的义务。子女不履行赡养义务时，无劳动能力的或者生活困难的父母，有要求子女给付赡养费的权利。由此可见，子女对父母的赡养义务是法定义务，不能自行免除。这里的赡养包括物质上（如给予生活费、医疗费等）和精神上的。

第二，父母生前为看病所借的钱应当由子女承担。被继承人生前因年老丧失劳动能力或因病需要住院治疗而欠下的生活费、医疗费等，有独立能力且有支付能力的子女都应当负有清偿的责任，这种清偿债务的义务不是来自继承行为，而是来自子女对父母的赡养义务。父母因年老体衰、无劳动能力或者因病治疗所拖欠的生活费、医疗费，理所当然应当由其子女承担，其不得以被继承人死后留下的遗产不足以清偿债务而拒绝偿还。

举一案例予以说明：前几年，唐某的丈夫离他而去。唐某长年生病，但是两个儿子和两个女儿却很少给他生活上的帮助，60多岁还自己种田养猪。前不久，唐某得了一场重病，其子女却都不管。邻居柯某看不下去，就将他送到了医院，并为他垫付了3000多元医药费。1年后，唐某病故，遗有房屋2间及一些农具（估计总价值2000元左右）。唐某的儿子在分割遗产时，柯某要求其两个儿子偿还其3000元钱。但他们却只以唐某留下的2000多元遗产偿还债务。柯某对此十分生气，于是向法院提起诉讼。经法院审理认为，这笔借款应视为唐某的子女的债务，应由唐某的子女偿还。

友情提示

在这里要注意的是，子女应当偿还父母所欠的个人债务，不以其遗留的财产为限。这里所说的“债务”，是指父母因为年老丧失劳动能力或因病需要住院治疗而欠下的生活费、医疗费等。“子女”是指有独立生活能力而又有支付能力的子女，不包括不能独立生活的子女（包括尚在校接受高中及其以下学历教育，或者丧失或未完全丧失劳动能力而无法维持正常生活的成年子女）。

3. 继承人中有缺乏劳动能力又没生活来源的人，这种情况下遗产不足清偿债务该怎么办？

关键词

【清偿债务与保留特留份额】

有问必答

我国的《继承法》体现着养老育幼的精神，不论是在法定继承还是遗嘱继承中，法律都要求对生活困难的缺乏劳动能力的继承人给予照顾，并不得取消他们必要的遗产份额。同样，在清偿税款和债务方面我国法律也一样保护了他们的权益。

第一，我国法律关于缺乏劳动能力又没生活来源的继承人的特殊规定。我国《继承法》第 13 条第 2 款：“对生活有特殊困难的缺乏劳动能力的继承人，分配遗产时，应当予以照顾。”第 19 条规定：“遗嘱应当对缺乏劳动能力又没有生活来源的继承人保留必要的遗产份额。”同时，根据最高人民法院《关于贯彻执行〈中华人民共和国继承法〉若干问题的意见》第 61 条的规定，继承人中有缺乏劳动能力又没有生活来源的人，即使遗产不足清偿债务，也应为其保留适当遗产，然后再按有关规定清偿债务。据此可以看出，我国继承法对缺乏劳动能力又没生活来源的继承人给予了一定照顾，这也充分说明了法律是保护弱者的。

第二，清偿被继承人债务不得取消缺乏劳动能力又没生活来源的继承人必要的份额。无论被继承人的遗产能否完全清偿其所欠的债务，都有不得取消继承人中需要特殊照顾的缺乏劳动能力又没生活来源的人必要的遗产份额，以保障其最低的实际生活需要。

我们看生活中这样一个案例：冯某夫妇有两个儿子冯甲和冯乙。冯甲因小时患脑膜炎留下了严重的后遗症，不能独立生活，一直靠父母扶养。冯乙今年刚大学毕业，还未找到工作。今年年初，冯某因得癌症住院，其妻向亲朋好友借了好几万元钱，冯某最终医治无效病故。不久后，冯某的妻子也因悲痛过度离开人世。冯某的妻子刚刚入葬，不少债主就纷至沓来，要求分割冯某夫妇所有遗产。冯甲和冯乙不知如何是好。最后，在村委会的帮助下，乡司法所进行了调解，经调解确定：债主们可以分割冯某夫妇的遗产，但是在分割时，必须给冯甲保留适当的遗产，以满足其基本生活需要。

4. 继承人以低价变卖遗产是否影响债务的清偿？

关键词

【遗产的不合理变卖】

有问必答

我国继承法规定，在一般情况下，对被继承人债务的清偿应当以遗产的实际价值为限。因此，在遗产不足以清偿债务的情况下，如果遗产继承人以低价变卖遗产，肯定会给债权人带来损失。

第一，继承人以低价变卖遗产，影响债务清偿的情况。根据我国

《继承法》第33条的规定可知，债务的清偿以遗产实际价值为限。如果遗产不足以清偿债务，继承人则没有义务以自己的财产去清偿。因此，在遗产不足以清偿债务的情况下，变卖遗产的价值的高低不影响继承人本人的利益。但是，变卖遗产的价值的高低与债权人、受遗赠人的利益却有密切关系；卖价低了，肯定会给予债权人或受遗赠人带来损失。如果是继承人与买遗产的人互相串通以低价卖出，债权人的利益就会受到更大的损失。

第二，遗产继承人以低价变卖遗产，造成债权人的损失，继承人应当承担赔偿责任。如果遗产继承人以低价变卖遗产，造成了债权人损失，无疑侵犯了债主的财产权，根据《民法通则》第106条的规定，继承人应当承担赔偿损失的责任。

我们看生活中这样一个案例：贾某生前欠王某5000元。贾某死后留有遗产，包括1000元的现金、5间平房、2头猪和1头牛。贾某的儿子贾乙在分割遗产时，王某要求以贾某的遗产偿还债务。贾乙心想不能这样便宜王某，不如将所有的遗产以低价钱卖给自己的姑夫张某，这样还可以讨个人情。于是，他将这个想法告诉了张某。双方一拍即合，最终以3000元卖出。贾乙就将这3000元钱交给了王某。王某认为贾某的房子最少也能卖6000元，现在贾乙只卖了3000元，明显是为了逃避债务。于是他向法院提起诉讼。法院经审理认为，贾乙的做法故意侵犯了王某的财产权，判定剩下的2000元由贾乙负责偿还。

第三，变卖遗产的方法。我国继承法虽然没有明文规定变卖遗产来清偿债务的方法，但从保护债权人的利益出发，防止继承人与遗产买方串通，变卖遗产应当以公开的形式进行，即在变卖遗产时，应当允许债权人在场参加，并委托与遗产没有关系的中间人参加估价，或者债权人要求继承人出具确凿证据以证明其卖价的合理。

友情提示

做人应当以诚信为本。人的一生很漫长，不要因为金钱而丢掉诚信，否则以后在社会上没有信誉，做什么事都很难，不要因小而失大。

5. 继承人能否以债务还未到期而拒绝偿还被继承人生前的债务？

关键词

【附期限的遗产债务的清偿】

有问必答

在遗产债务的清偿中，对于约定了期限的债务清偿问题，我国继承法未做明文规定，但是在现实中，这种情况却时有发生。对于这种债务的清偿，应当怎样处理？以下我们就结合法律进行分析：

（一）偿还期限未到，债主能否要求以被继承人的遗产偿还债务？

对于约定了期限尚未到的债务，债务人是没有清偿债务义务的。但是，被继承人死亡时，继承人就可以继承遗产，受遗赠人就可以要求接受遗赠，没有约定偿还期限的债务人可以要求偿还债务。如果要等到期限债务到来之时才偿还，这时遗产已经分割完毕，那就必然使债权人的利益遭受损失。我国《继承法》第33条规定："继承遗产应当清偿被继承人依法应当缴纳的税款和债务，缴纳税款和清偿债务以他的遗产实际价值为限。"据此规定，如果对未到期限的债务不计算在被继承人遗产内，而进行遗产处理，那就必会使债主的利益遭受损失。这样就有失公平。因此，在对被继承人生前所欠的债务进行清偿时，应当在被继承人遗产的范围内保护债主的利益。也就是说，即使约定的还款期限还未到，债主也可以要求以被继承人的遗产来偿还。但值得注意的是，为了使被继承人债务的清偿更符合公平原则，对于清偿期尚未到来的债务，实当扣除自实际偿还之日起到清偿期限到来之日止这段期限内的利息。

（二）债主以什么方式要求以遗产偿还被继承人生前的债务？

在我国现实生活中，这种约定期限的债务的清偿，首先应当通过协商的方式解决，当双方不能协商解决时，可以请求人民调解委员会（包括乡镇司法所）调解，或者诉请人民法院通过民事诉讼解决。

现举一案例说明上述问题：沈某在陈某处借款2000元，并写了一个欠条，约定：借款期限为2008年9月至2009年9月止，利息略低于银行利息。但是，2009年4月，沈某就因病去世。陈某害怕自己的借款要不回来，就在沈某的儿子们分割其遗产时，提出了借款之事，并出示了欠条。沈某的儿子却说，还款时间还未到，待到了还款期再说。陈某怕夜长梦多，坚持要求变卖沈某的遗产返还欠款，但终遭拒绝。无奈之下，陈某起诉到人民法院。法院经调解，双方最终达成了一致意见，借款以及利息由变卖沈某的遗产偿还，但是，借款利息的支付只到实际还款的那一天。

友情提示

在这里应当注意两点：第一，债主在要求用遗产来偿还被继承人生前所欠的债务时，应当考虑到被继承人的继承人中是否有没有生活能力又没有生活来源的人，如果有就应当给他留下必要的生活费后，再要求偿还借款，这是道德和法律所提倡的。第二，邻里之间应当和睦相处，对于一些纠纷最好选择协商的办法来处理，因为协商解决问题是比较有效的，有利于双方以后的来往。

6. 法定继承与遗赠同时存在的情况下应怎么清偿被继承人的债务?

关键词

【遗产债务的清偿和遗赠交付的顺序】

有问必答

在遗产分割时，有法定继承又有遗赠，该怎么清偿被继承人的债务？这一问题，实际上涉及到遗产债务的清偿和遗赠交付谁先履行。以下我们就结合法律予以解答：

第一，交付遗赠先予法定继承。我国《继承法》第 5 条规定“继承开始后，按照法定继承办理；有遗嘱的，按照遗嘱继承或者遗赠办理；有遗赠扶养协议的，按照协议办理。”据此表明，在财产继承中，如果遗赠和法定继承并存时，应首先执行遗赠，然后才是法定继承。“遗赠”就是公民利用订立遗嘱的方式将其财产于其死后赠给国家、集体或者法定继承人以外的人的法律行为。“法定继承”就是公民死后，其遗产按照第一顺序人（即配偶、子女、父母）继承，没有第一顺序继承人继承的，由第二顺序继承人（即兄弟姐妹、祖父母、外祖父母）继承。

第二，被继承人的债务的清偿优先于交付遗赠。我国《继承法》第 34 条规定：“执行遗赠不得妨碍清偿遗赠人依法应当缴纳的税款和债务。”由此可见，继承人在分割时，缴纳税款和清偿债务在先，交付遗赠在后。只有在被继承人的债务清偿完毕，遗赠交付以后，如果还有剩余遗产，才应当由继承人继承。

我们列举一个案例来予以说明：姜某生前承包了村上的鱼塘，收入不少。看着村上孩子们上学条件很差，他准备捐赠 5 万元修建学校，但不久却发现自己已进入癌症晚期。于是，他立下遗嘱，将其存款8万元中，5万元用于学校修建，其余的留给子女。姜某病故后，姜某的子女正按照遗嘱分割遗产时，朱某拿着2万元的欠条找上门来要求偿还，但是村委会和姜某的子女都拒绝偿还。无奈之下，朱某向人民法院提起诉讼。法院经审理认为，根据《继承法》第5条、第34条的规定，姜某的子女应当先偿还朱某的2万元债务，然后将剩下的5万元遗赠给村小学，最后才可以将剩下的1万元依法继承。

第五节 遗产分割

1. 怎样合理地分割遗产？

关键词

【遗产分割的合理性】

有问必答

被继承人死亡后，就会发生继承问题。如果继承人只有一人就不存在遗产的分割问题，但往往继承人一般都在两人（含两人）以上，这就产生了遗产的分割问题。在分割遗产时怎样才算合理，这是我们下面要分析的：

（一）必须准确地确定遗产的范围。根据我国《继承法》第3条的规定，遗产是公民死亡时遗留下来的个人合法财产，主要包括：（1）公民的收入；（2）公民的房屋、储蓄和生活用品；（3）公民的林木、牲畜和家禽；（4）公民的文物、图书资料；（5）法律允许公民所有的生产资料；（6）公民的著作权、专利权中的财产权利；（7）公民的其他合法财产，即有价证券和履行标的物的债权等。在此应当注意把遗产和其他家庭财产区分开，如夫妻在婚姻关系存续期间所得的共同所有的财产，除有约定的以外，如果分割遗产，应当先将共同所有的财产的一半分出为配偶所有，其余的为被继承人所要继承的遗产。

（二）继承人继承遗产数额的确定。《继承法》第13条第1款规定："同一顺序继承人继承遗产的份额，一般应当均等。"据此，在一般情况下，同一顺序的各继承人之间应当平均分配遗产。但是，如果有以下几种情况时，可以不均等分配遗产：（1）对生活有特殊困难的缺乏劳动能力的继承人，分配遗产时，应当予以照顾。（2）对被继承人尽了主要扶养义务或者与被继承人共同生活的继承人，分配遗产时，可以多分。（3）有扶养能力和有扶养条件的继承人，不尽扶养义务的，分配遗产时，应当不分或者少分。（4）继承人协商同意的，也可以不均等。（5）对于故意隐瞒、侵吞或争抢遗产的继承人，可以减少其遗产的继承。只有严格按照上述分配原则，遗产分配就是合情合理合法的。

（三）遗产分割的合理方法。如果被继承人留有遗嘱的，并且遗嘱中已指定了遗产如何分割，就应当按照遗嘱指定的方法分割；如果没有规定，由继承人协商；协商不成，可以通过人民调解委员会（比如经村民委员会、乡司法所）调解分割；调解不成，可以向人民法院提起诉讼。但是，在分割遗产时，应当有利于生产和生活的需要，不损害遗产的效用。对于不宜分割的遗产，可以采取折价、适当补偿或者保留共有等方法处理。

（四）遗产分割时，如有胎儿的，应为胎儿保留继承份额。胎儿虽未出生，但因其与被继承人有密切的血缘关系，为保护其出生后的健康成长，应当为胎儿保留一定的财产份额。如果胎儿出生时就是死体的，保留的遗产份额就由被继承人的其他继承人继承；如果胎儿出生后死亡的，由其继承人继承。

现通过列举一例来了解上述问题：赵某因病去世，在处理遗产时发现，赵某的家庭财产包括，一幢二层的楼房，存款1万元和若干家具、农具，财产总额计价12万元。按照夫妻共同财产分割后，赵某的遗产实际价值为6万元。赵某的继承人包括年迈的父亲、母亲、妻子、儿子和一个已成家并对赵某尽到扶养义务的女儿，这时赵某的妻子已怀孕5个月。在分割遗产时，赵某的女儿也要求分得遗产，但赵某的儿子不同意，他认为女儿已经出嫁不应分得遗产。无奈之下，赵某的女儿诉至法院，请求法院依法分割遗产。经法院审理认为，赵某的父母因年事已高应多分遗产，赵某的妻子已有身孕，除了得到一份遗产外，还应当为胎儿保留一份，赵某的女儿与儿子应当分得同等份额的遗产。

友情提示

在此应当注意：(1) 上述所说的扶养义务，不仅仅是经济上的扶养、生活上的照料，还应当包括精神上、情感上的关心、安慰等等。(2) 当各继承人对遗产分配问题达成一致意见时，就应当用书面形式确定下来，表明遗产的分配情况，以免日后发生争执。(3) 在我国农村，丈夫死去后，在分割遗产时，并未先分出妻子的份额，而是直接将所有的财产进行遗产分割，这种方式是错误的。正确的做法是，应当将所有的财产分一半给妻子，而另外一半才是死者的遗产，由妻子、子女、父母进行继承。

2. 对于像房屋、机器设备等不宜分割的遗产应当如何分割?

关键词

【遗产分割的方式】

有问必答

遗产的分割不仅应当在各继承人的应继份额上力求做到公平合理，而且在具体分割遗产时，还应当充分考虑到遗产的合理分割，以便于继承人充分利用遗产。对于实物、存款等可以分割的遗产，直接进行分割即可。但是对于像房屋、机器设备这些价值较大，而又不宜分割的遗产，应当根据我国《继承法》第29条第2款的规定，不宜分割的遗产，可以采取折价、适当补偿或者共有等方法处理。具体有以下几种方法：

第一，变卖不宜分割的遗产后，分割价金。如果遗产不宜进行实物分割，或者继承人都不愿取得该种遗产，则可以将遗产进行变卖，换取价金。然后由继承人按照自己应继份额的比例，对价金进行分割，各自取得与应得遗产份额相对应的价金。使用变价分割的方式分割遗产，实际上是对遗产的处分，所以，遗产的变价应当经过全体继承人的同意。例如，杨某遗留的遗产中有一头耕牛，而杨某两个儿子都已有耕牛，于是经过协商，他们将耕牛卖给他人，得到3000元后，两个儿子各得1500元。

第二，继承人中的一人取得不宜分割的遗产，可以对其他继承人进行经济补偿。对于不宜实物分割的遗产，如果继承人中有人愿意取得该遗产，则由该继承人取得遗产的所有权。然后，由取得遗产所有权的继承人按照其他继承人应继份额的比例，分别补偿给其他继承人相应的价金。如果继承人中有多人愿意取得遗产的所有权，而又达不成协议的，应当根据继承人的实际需要和更好的发挥遗产的效用，确定给某个继承人。例如，杨某去世后留有7间房屋，他的两个儿子各分得3间半。因为半间房的归属问题，两兄弟产生了争执，最后在村委会的调解下，因哥哥娶儿媳妇需要用房，于是哥哥多分得半间房屋，哥哥再将其多分的半间房屋折算出价款，补偿给弟弟。

第三，双方协商一致，也可以对不宜分割的遗产留下作为继承人共有的遗产。各继承人都有意取得该不宜分割的遗产，而且任何继承人取得该遗产后，都会对其他继承人的生产或生活造成一定的影响。或者继承人愿意继续保持遗产共有状况的，则可以将该遗产保留为共有财产，由各继承人对遗产享有共有权，其共有份额按照应继份额的比例确定。例如，杨某生前与两个儿子开办了一个挂面加工厂，杨某独自购买了一台制作挂面的机器。杨某死后，该机器就成了两个儿子共同继承的遗产，但是两兄弟还继续经营挂面厂，于是经过协商，两兄弟保持对该机器的共同共有。

友情提示

在现实生活中，遗产的分割是错综复杂的。但是，不管是分割什么样的遗产，都应当充分考虑遗产对哪个继承人更有用，尽量做到物尽其用。在我国民间还有一种常见的遗产分割方法，即如果各继承人为了避免分割时引起不必要的麻烦，经协商将遗产分割成若干份以后，再以抽签的方法去解决。这也是可行的，但最好是分割完毕后，以书面的形式确定各自分得的遗产，避免以后产生纠纷。

3. 什么时候可以分割遗产？

关键词

【遗产分割时间】

有问必答

我国《继承法》第2条规定，遗产继承从被继承人死亡时开始。据此，在继承人有数人的情况下，遗产的分割在被继承人死亡时即可开始。然而在实际生活中，由于种种原因，遗产的分割并不是在被继承人死亡时开始，一般都会经历一个短暂的过渡时间。究竟遗产分割应当从什么时候开始，以下我们来具体分析：

（一）遗产分割的时间。继承开始的时间是法定的，它只能是被继承人死亡的时间，继承人或其他任何人都不能加以变更；但是遗产的分割时间是约定的，完全取决于继承人的意愿。只要继承人中有一人要求分割遗产，就应当进行遗产分割，而不需所有继承人的同意。也就是说，在被继承人死亡后，继承人可以随时请求分割遗产，即使在继承开始20年以后，继承人仍然有权分割遗产。

（二）继承人不能随时请求分割遗产的情况。我国继承法虽然没有具体规定哪种情况继承人不能随时请求分割遗产，但是在现实生活中，主要有以下几种情况：（1）被继承人立有遗嘱明确禁止在一定时期内分割遗产。这时继承人应当尊重被继承人的遗嘱所表达的意愿，不得随时请求分割遗产。（2）各继承人经协商一致表示在一定时期内请求分割遗产。这主要是继承人为了方便生产、生活作出的约定。（3）可以考虑暂停分割遗产的情况有，继承开始后，还有没有确定的继承人；非婚子女还未认定的情况；收养或终止收养的情况还未确定；继承人中有无放弃继承的人尚未确定等。

现列举一例来说明这个问题：林某有三个儿子，林甲、林乙和林丙。今年8月，林某因车祸不幸去世。在林某葬礼的当天，林乙就要求当着众亲戚的面分割遗产，林甲和林丙都表示反对，其他亲戚也认为林某尸骨未寒，林乙的举动实属不孝。林乙无奈，只好听从大伙的意见。实际上林乙的行为虽然不符合当地的民俗习惯，但他的行为却是合法的，即可以在林某死后的任何一段时间要求分割遗产。

友情提示

在被继承人死亡后，往往要经过一个短暂的遗产共同所有时间，其原因有多方面：（1）被继承人刚亡，尸骨未寒，不忍对其遗产进行分割。（2）被继承人死亡后，大家都忙于办理丧事。（3）有些遗产由于其特殊性，不宜马上分割，需要变卖、补偿或其他处理方式后，才宜分割，这需要一段时间。（4）有出于维护兄弟姐妹、父母子女之间的团结，经过一段时间的沟通后，再分割遗产。（5）有些继承人在较远的地方，通知、等待也需要一段时间。

4. 遗产分割后各继承人之间是否负有担保补偿责任？

关键词

【遗产分割的担保责任】

有问必答

虽然我国继承法未明文规定，遗产分割后继承人发现所分得的遗产有缺陷，其他继承人负有责任怎样处理。但是遗产分割应当是公平合理的，因此各继承人之间对遗产的缺陷负有一定补偿责任。

（一）各继承人对其他继承人所分得有缺陷的遗产负有责任的条件。

各继承人不是对所有其他继承人所继承的有缺陷的遗产都负有责任，必须满足以下条件：

（1）遗产的缺陷必须在分割以前就已存在。如果是在遗产分割以后产生的，则其他共同继承人则不负责任。例如，姐弟二人继承父亲的遗产，姐分得一头牛，弟分得一匹马。在分得遗产时，马已染病，尚未发觉，在分割以后才发觉，姐应承担担保补偿责任。

（2）遗产有缺陷不是由于分得该遗产的继承人本人的原因造成的。如果是由于分得该遗产的继承人本人的原因造成的，其他继承人则不负责任。

（3）在分割遗产时，必须是分得该遗产的继承人不知道有缺陷。如果明知分得的遗产有缺陷而同意（通常为不申明）分得该遗产，则其他继承人不负责任。例如，兄弟三人，在协议平均分割其父的遗产时，甲分得房屋三间，价值五千元，乙分得古字画一幅，价值五千元。甲明知所分得房屋破旧，需要翻修，而没有提出异议，在遗产分割后，不得再要求乙、丙承担翻修的担保补偿责任。

（4）遗产的分割必须是继承人之间协商分割的，并且各继承人之间没有不相互负责对方遗产缺陷的约定。

因此，对于继承人继承有缺陷的遗产只有符合上述条件，其他继承人就负有担保、补偿的责任。

（二）各继承人分担有缺陷的遗产的责任。在实际生活中，遗产的分配往往是不平均的，如果让少分得遗产的继承人与多分得遗产的继承人承担相同的责任，那么，对少分得遗产的继承人显然不公平。因此，按照继承人实际分得遗产的份额比例承担责任是较为公平合理的。

我们列举一例说明上述问题：张某去世后，其三个儿子继承了他的遗产。张甲分得一头耕牛（估价2000元），张乙分得需要翻修才能入住的五间瓦房（估价5000元），张丙分得两头猪（估价2000元）。但是分割后不久，张甲发现分得的耕牛患有重病，而实际上该耕牛在分割前就有隐病。经估价，此牛实际价值800元，这时，张乙和张丙就应当对其少得的1200元承担补偿责任。但张乙与张丙分得的遗产价值不一样，所以，张乙、张丙承担的补偿责任也应当不一样，张乙应当负5/9的补偿责任，张丙应承担2/9的补偿责任，其余的损失由张甲自己承担。如果张甲在分得该牛时就知道该牛有病而未提出异议，则在分割该牛后，他便不得以该牛有病要求张乙、张丙承担补偿责任。

友情提示

在司法实践中，如果因遗产缺陷而遭受损失的继承人不得在分得该遗产后6个月之后请求补偿责任，同时家庭成员在分割遗产时，应当互谅互让、和睦团结，而不要斤斤计较，以免影响家庭的和睦相处。

第六节 无人继承又无人受遗赠的遗产的处理

1. 无人继承的遗产应当如何处理？

关键词

【无人继承的遗产的处理】

有问必答

在现实生活中，公民死后没有法定继承人，又没有立下遗嘱，或者全部继承人都放弃或丧失继承遗产的权利，这时死者的遗产就成了无人继承的财产。对于这种情况，我们从以下几个方面进行分析：

第一，无人继承遗产的情形。无人继承的遗产的情形包括：(1) 被继承人既无法定继承人，又无遗嘱指定的继承人。此处的“法定继承人”包括配偶、子女、父母、兄弟姐妹、祖父母、外祖父母等。(2) 全部继承人都放弃或丧失继承遗产的权利。注意，作出放弃继承遗产意思表示的继承人必在被继承人死后，遗产处理前作出。上述全部继承人丧失继承遗产的权利的情形包括：继承人故意杀害被继承人的；继承人遗弃被继承人的，或者虐待被继承人情节严重的；继承人伪造、篡改或者销毁遗嘱，情节严重的。应当注意，在有多名继承人时，只有一个继承人有上述情形是不构成无人继承遗产的事实，只有所有继承人都实行了上述情形中的一种行为的，才构成无人继承的遗产。

第二，在我国农村无人继承遗产的处理。在我国农村，对于无人继承的遗产，首先用来支付死者丧葬所花掉的必要费用，清偿死者生前所欠下的债务，给予对死者生前尽过一定照料责任的人以适当补偿。余下的遗产，依据我国《继承法》第 32 条“无人继承又无人受遗赠的遗产，归国家所有；死者生前是集体所有制组织成员的，归所在集体所有制组织所有”的规定进行处理。在农村，“五保户”的遗产可能是无人继承的遗产，也可能是有人继承的遗产。如果集体组织对“五保户”实行“五保”时，双方有扶养协议的，“五保户”的遗产应当按协议处理。没有协议，死者有遗嘱继承人或法定继承人要求继承的，在继承遗产时，应当扣回集体组织的“五保”费用。

第三，处理无人继承的遗产的特殊情况。最高人民法院《关于贯彻执行〈中华人民共和国继承法〉若干问题的意见》第 57 条规定：“遗产因无人继承收归国家或集体组织所有时，按继承法第十四条规定可以分给遗产的人提出取得遗产的要求，人民法院应视情况适当分给遗产。”据此，在处理无人继承遗产时，如遇继承人以外的依靠被继承人扶养的缺乏劳动能力又没有生活来源的人，或者继承人以外的对被继承人扶养较多的人，可以分给他们适当份额的遗产，有剩余的才可收归国家或集体组织所有。

现举一例来说明：梁某，50年代逃难来到幸福村，一生未娶，也没有任何亲人。在他年老体衰时，邻居周某不但经常照顾他吃喝，而且在生病时，还主动给梁某交钱看病。今年5月，梁某因病去世，除了几间房屋，什么也没留下。村委会决定将其房屋收归村里所有，但周某认为其对梁某尽了扶养义务，要求房屋归他所有。村委会请了乡司法所工作人员调解。乡司法所经调解认为，周某对梁某扶养较多，可以分给他适当份额遗产。根据最高人民法院《关于贯彻执行〈中华人民共和国继承法〉若干问题的意见》第57条规定，该房屋应给周某。

友情提示

在实际生活中，无人继承的遗产在收归国家或集体组织以前，可以将日常生活用品中的零星杂物，分给那些对死者生前有所照顾的亲友、近邻。在我国农村，无人继承的遗产的处理，一般是由村民委员会处理。

2. 受遗赠人先于遗赠人死亡的遗产如何处理？

关键词

【无人受遗赠的遗产的处理】

有问必答

公民立下遗嘱表示在其死后将其遗产的一部或全部赠送给国家、集体组织、社会团体或者法定继承人外的继承人的法律行为，这就是遗赠。立遗嘱人为遗赠人，接受遗赠的人为受遗赠人。如果受遗赠的先于遗赠人死亡，其遗产应当怎样处理。大概分以下两种情况：

第一，遗赠人死亡时，既有法定继承人，也有受遗赠人的情况。如果遗赠人将其一部分遗产遗赠给他人，但同时还有其他合法的遗产时，受遗赠人先予遗赠人死亡的，则该遗嘱无效，根据我国《继承法》第27条第（三）项关于“遗嘱继承人、受遗赠人先于遗嘱人死亡的，遗产中的有关部分按照法定继承办理”的规定，将遗产中的这部分遗赠财产转由其他法定继承人继承。

第二，没有法定继承人的遗赠人，生前在遗嘱中指定了受遗赠人的情况。如果遗赠人没有法定继承人，而只是在立下的遗嘱中表明将其所有财产遗赠给他人，在其死亡之前受遗赠人就已经死亡的，则这时遗赠就是无效的，这时就成了无人继承又无人受遗赠的情况。根据我国《继承法》第32条的规定，无人继承又无人受遗赠的遗产，归国家所有；死者生前是集体所有制组织成员的，归所在集体所有制组织所有。在我国农村，死者生前是农民的，其无人继承的遗产，应归死者生前的集体所有制组织所有。如果在遗赠人没有死亡之前受遗赠人就死亡的，遗赠人可以更改遗嘱，将其财产重新赠与其他人或组织。

生活中有这样一则案例：农民赵某自小父母双亡，一生未婚，与弟弟相依为命。三年前，弟弟因病去世。去年，赵某留下一份遗嘱，表示在他死后，将其所有财产都赠给他的侄子赵甲。今年三月，赵甲因车祸去世，赵某承受不了这突如其来的打击，不久也去世了。村民委员会料理了赵某的丧事后，准备将赵某遗留的房屋改建为村里的图书阅览室和老年活动室。但是赵甲的妻子却以赵某生前承诺在其死后将该房屋赠送给赵甲为由，要求继承该房屋，并为此产生纠纷。于是，赵甲的妻子起诉到法院，法院经调查审理认为，该房屋归村民委员会所有。

友情提示

在分割遗产时还应当考虑到，如果受遗赠人的家人对遗赠人生前尽了扶养义务，那么，就算是受遗赠人先于被遗赠人死亡，在该财产被收归国家或集体组织所有之前，应当适当分给受遗赠人的家人一定的遗产份额，这主要是为了鼓励更多的人去帮助无助的人，有利于发扬扶老、养老、敬老的传统美德。

法之苑教育图书目录

代号	书目	著、译者	定价
教您如何打官司系列丛书 （丛书主编 -- 朱晓娟 适合馆配、农家书屋、社区、青少年普法和法律爱好者阅读）			
F1-1	教您打赢房地产官司	朱晓娟、戴志强等编著	29.80
F1-2	教您打赢人身权官司	朱晓娟、戴志强等编著	29.80
F1-3	教您打赢合同官司	朱晓娟、戴志强等编著	29.80
F1-4	教您打赢婚姻家庭官司	朱晓娟、戴志强等编著	29.80
F1-5	教您打赢消费维权官司	朱晓娟、戴志强等编著	29.80
F1-6	教您打赢继承官司	朱晓娟、戴志强等编著	29.80
F1-7	教您打赢医疗事故官司	朱晓娟、戴志强等编著	29.80
F1-8	教您打赢交通事故官司	朱晓娟、戴志强等编著	29.80
F1-9	教您打赢知识产权事故官司	朱晓娟、戴志强等编著	29.80
F1-10	教您打赢劳动争议官司	朱晓娟、戴志强等编著	29.80
“新农村·新农民”法律一点通系列丛书 （丛书主编 -- 戴志强 孙立明 适合馆配、农家书屋、社区、青少年普法和法律爱好者阅读）			
F2-1	农村土地房屋法律一点通	戴志强、孙立明等编著	24.00
F2-2	农资产品质量法律一点通	戴志强、孙立明等编著	24.00
F2-3	村民自治、基层党组织建设与信访法律一点通	戴志强、孙立明等编著	24.00
F2-4	婚姻家庭法律一点通	戴志强、孙立明等编著	24.00
F2-5	农村文教卫生法律一点通	戴志强、孙立明等编著	24.00
F2-6	继承法律一点通	戴志强、孙立明等编著	24.00
F2-7	农民工法律一点通	戴志强、孙立明等编著	24.00
F2-8	农业资源与环境法律一点通	戴志强、孙立明等编著	24.00
F2-9	农村企业法律一点通	戴志强、孙立明等编著	24.00
F2-10	农村诉讼法律一点通	戴志强、孙立明等编著	24.00
学校内部管理制度系列丛书 （丛书主编 -- 戴志强 适合馆配、社区、青少年普法和法律爱好者阅读）			
F3-1	学校组织领导工作管理制度	戴志强等编著	29.80

F3-2	学校行政综合工作管理制度	戴志强等编著	29.80
F3-3	学校教学工作管理制度	戴志强等编著	29.80
F3-4	学校师生员工管理制度	戴志强等编著	29.80
F3-5	学校工作督导评估制度	戴志强等编著	29.80
F3-6	学校后勤工作管理制度	戴志强等编著	29.80
F3-7	学校教学文书写作范本	戴志强等编著	29.80
关注校园安全教育系列丛书 （丛书主编 -- 戴志强 适合馆配、社区、青少年普法和法律爱好者阅读）			
F4-1	学生卫生安全教育知识读本	戴志强等编著	29.80
F4-2	学生网络安全教育知识读本	戴志强等编著	29.80
F4-3	学生防暴力安全教育知识读本	戴志强等编著	29.80
F4-4	学生交通安全教育知识读本	戴志强等编著	29.80
F4-5	学生消防安全教育知识读本	戴志强等编著	29.80
F4-6	学生质量安全教育知识读本	戴志强等编著	29.80
F4-7	学生远离黄赌毒安全教育知识读本	戴志强等编著	29.80
F4-8	学生旅游安全教育知识读本	戴志强等编著	29.80
F4-9	学生自然灾害防范教育知识读本	戴志强等编著	29.80
F4-10	学生意外伤害防范教育知识读本	戴志强等编著	29.80
学校法律实务与案例评析丛书 （丛书主编 -- 戴志强 适合馆配、社区、青少年普法和法律爱好者阅读）			
F5-1	校园违法犯罪法律实务与案例评析	戴志强等编著	29.80
F5-2	学生伤害赔偿法律实务与案例评析	戴志强等编著	29.80
F5-3	侵犯学生权益法律实务与案例评析	戴志强等编著	29.80
F5-4	教师权益维护法律实务与案例评析	戴志强等编著	29.80
F5-5	学校行政法律实务与案例评析	戴志强等编著	29.80
青少年法制教育系列丛书 （丛书主编 -- 朱晓娟 适合馆配、社区、青少年普法和法律爱好者阅读）			
F6-1	小学 1-3 年级法制教育读本	朱晓娟等编著	19.80
F6-2	小学 4-6 年级法制教育读本	朱晓娟等编著	19.80
F6-3	中学 7-9 年级法制教育读本	朱晓娟等编著	19.80
F6-4	中学 10-12 年级法制教育读本	朱晓娟等编著	19.80

青少年环境教育系列丛书 （丛书主编 -- 戴志强 适合馆配、社区、青少年普法和法律爱好者阅读）			
F7–1	小学 1–3 年级环境教育读本	戴志强等编著	19.80
F7–2	小学 4–6 年级环境教育读本	戴志强等编著	19.80
F7–3	中学 7–9 年级环境教育读本	戴志强等编著	19.80
F7–4	中学 10–12 年级环境教育读本	戴志强等编著	19.80
中小学师生不可不知的法律常识系列丛书 （丛书主编 -- 戴志强 适合馆配、社区、青少年普法和法律爱好者阅读）			
F8–1	中小学生必知学校制度法律常识	戴志强等编著	28.80
F8–2	中小学生必知违法犯罪与教育法律常识	戴志强等编著	28.80
F8–3	中小学生必知家庭法律常识	戴志强等编著	28.80
F8–4	中小学生必知安全教育法律常识	戴志强等编著	28.80
F8–5	教师权利保护必知法律常识	戴志强等编著	28.80
中小学生心理健康教育系列丛书 （丛书主编 -- 许燕 适合馆配、社区、青少年普法和法律爱好者阅读）			
F9–1	学生心理健康教育	许燕等编著	29.80
F9–2	中学生心理健康教育（学生用书）	许燕等编著	29.80
F9–3	中学生心理健康教育（教师用书）	许燕等编著	29.80
F9–4	小学生心理健康教育（学生用书）	许燕等编著	29.80
F9–5	小学生心理健康教育（教师用书）	许燕等编著	29.80
F9–6	幼儿心理健康教育	许燕等编著	29.80
中小学生安全教育系列丛书 （丛书主编 -- 戴志强 适合馆配、社区、青少年普法和法律爱好者阅读）			
F10–1	小学 1–3 年级安全教育读本	戴志强等编著	19.80
F10–2	小学 4–6 年级安全教育读本	戴志强等编著	19.80
F10–3	中学 7–9 年级安全教育读本	戴志强等编著	19.80
F10–4	中学 10–12 年级安全教育读本	戴志强等编著	19.80
中小学生健康教育系列丛书 （丛书主编 -- 戴志强 适合馆配、社区、青少年普法和法律爱好者阅读）			
F11–1	小学 1–3 年级健康教育读本	戴志强等编著	19.80
F11–2	小学 4–6 年级健康教育读本	戴志强等编著	19.80

F11-3	中学 7-9 年级健康教育读本	戴志强等编著	19.80
F11-4	中学 10-12 年级健康教育读本	戴志强等编著	19.80
中小学生消防安全教育知识读本 （丛书主编 -- 中国消防协会、范强强 适合馆配、社区、青少年普法和法律爱好者阅读）			
F12-1	幼儿消防安全知识读本	范强强等编著	29.80
F12-2	小学生消防安全知识读本	范强强等编著	29.80
F12-3	中学生消防安全知识读本	范强强等编著	29.80
百姓生活中的法律系列丛书 （丛书主编—戴志强 适合馆配、农家书屋、社区、青少年普法和法律爱好者阅读）			
F13-1	房屋法律常识	戴志强等编著	29.80
F13-2	婚姻家庭法律常识	戴志强等编著	29.80
F13-3	继承法律常识	戴志强等编著	29.80
F13-4	消费者权益保护法律常识	戴志强等编著	29.80
F13-5	合同纠纷法律常识	戴志强等编著	29.80
F13-6	知识产权纠纷法律常识	戴志强等编著	29.80
F13-7	特殊群体保护法律常识	戴志强等编著	29.80
F13-8	人身权保护法律常识	戴志强等编著	29.80
F13-9	医疗纠纷法律常识	戴志强等编著	29.80
F13-10	劳动权益保护法律常识	戴志强等编著	29.80

更多图书信息请登录：www. bjfzy. net

联系地址：北京市海淀区知春路 6 号 法之苑教育（邮编：100088)

咨询电话：010-82356348，82358948

* 本目录定价如有错误或变动，以实际出书为准。